TIMUR VERMES
Briefe von morgen, die wir gern
gestern schon gelesen hätten

Weitere Titel des Autors:

Er ist wieder da
Die Hungrigen und die Satten

TRIGGERWARNUNG
Ein großer Teil der folgenden Texte befasst sich mit der Zukunft. Diese ist in weiten Teilen unbekannt. Es kann sein, dass dieses Unbekannte bei sensiblen Personen Unbehagen auslöst. Weiterhin ist denkbar, dass manche Personen sich diese Zukunft anders vorstellen bzw. vorziehen, nicht unnötig von der Existenz davon abweichender Vorstellungen der Zukunft zu erfahren.
Bitte entscheiden Sie selbst, ob Sie diese Texte gerade lesen können oder mögen. Wenn Sie die Texte nicht lesen mögen, legen Sie sie bitte weg und lesen Sie sie nicht. Wenn Sie eine andere Person sehen, die diese Texte liest, halten Sie sich die Ohren zu und sagen sie laut »Nananana«. Bleiben Sie dabei unbedingt in einem sicheren Bereich stehen. Überqueren Sie so keinesfalls dicht befahrene Straßen, Start- und/oder Landebahnen.
Bewahren Sie in jedem Fall Ruhe. Bedenken Sie:
Die Zukunft ist niemals jetzt, sondern immer erst nachher.

DER AUTOR
Timur Vermes wurde 1967 in Nürnberg als Sohn einer Deutschen und eines Ungarn geboren. Er studierte in Erlangen Geschichte und Politik und arbeitete anschließend als Journalist und Ghostwriter. Er schrieb bis 2001 für die *Abendzeitung* und den *Kölner Express* und später für mehrere Magazine. Sein 2012 erschienener Roman *Er ist wieder da* ist eines der erfolgreichsten deutschen Debüts der letzten Jahrzehnte. Es verkaufte sich mehrere Millionen Mal, wurde fürs Kino verfilmt und in Dutzende Sprachen übersetzt. Timur Vermes' zweiter Roman *Die Hungrigen und die Satten* stieg 2018 auf Platz 1 der Spiegel-Bestsellerliste ein.

TIMUR VERMES

BRIEFE VON MORGEN, DIE WIR GERN GESTERN SCHON GELESEN HÄTTEN

eichborn

Die Bastei Lübbe AG verfolgt eine nachhaltige Buchproduktion. Wir verwenden Papiere aus nachhaltiger Forstwirtschaft und verzichten darauf, Bücher einzeln in Folie zu verpacken. Wir stellen unsere Bücher in Deutschland und Europa (EU) her und arbeiten mit den Druckereien kontinuierlich an einer positiven Ökobilanz.

NACHHALTIG PRODUZIERT

Eichborn Verlag

Originalausgabe

Dieses Werk wurde vermittelt durch die
Literarische Agentur Gaeb & Eggers

Copyright © 2025 by
Bastei Lübbe AG, Schanzenstraße 6–20, 51063 Köln

Bei Fragen zur Produktsicherheit wenden Sie sich bitte an:
Produktsicherheit@bastei-luebbe.de

Vervielfältigungen dieses Werkes für das
Text- und Data-Mining bleiben vorbehalten

Textredaktion: Bärbel Brands, Berlin
Umschlaggestaltung: Johannes Wiebel | punchdesign, München
Umschlagmotiv: © Illustration Johannes Wiebel
Satz: two-up, Düsseldorf
Gesetzt aus der Gotham
Druck und Verarbeitung: GGP Media GmbH, Pößneck

Printed in Germany
ISBN 978-3-8479-0201-0

5 4 3 2 1

Sie finden uns im Internet unter eichborn.de

Timur Vermes
Bralleinstraße 87
80330 München

2.2.2024

Sehr geehrter Herr Merz,

keine Angst, diesen Brief müssen Sie jetzt nicht lesen. Sie können ihn weglegen, zur Wiedervorlage. Wann? Etwa zwei oder drei Jahre, nachdem Ihre Union (ob mit oder ohne Ihren Segen) der AfD den Weg in die Regierung gebahnt hat. Natürlich: Sie sagen mir heute (da ich diesen Brief schreibe), dass das nie geschehen wird. Schön!

Aber weil Sie ja jetzt diesen Brief lesen, sehen wir, dass es offenbar doch anders gekommen ist. Seltsam, nicht wahr? Ich nehme also mal an, Sie öffnen diesen Brief zu Hause. Das ist etwas, was Sie vermutlich nur deshalb noch können, weil Sie nicht in der SPD sind oder bei den Grünen oder so. Sahra Wagenknecht könnte es hingegen auch, jetzt, in Moskau. Aber sie müsste es nicht mehr, weil Briefe dort ja bereits geöffnet ankommen.

In jedem Fall war's doch gut, dass ich Ihnen diesen Brief in der Vergangenheit geschickt habe, also haben Sie ihn schon. Und Zeit haben Sie auch, denn politisch tätig sind Sie inzwischen ja nicht mehr. Wie auch Ihre Kollegen von der Union, denen man nahegelegt hat, zu Hause zu bleiben und den Mund zu halten. Das hat natürlich einige überrascht, die gemeint hatten, die AfD wäre ihnen dankbar. Wie es sich zeigte, ist die AfD niemandem dankbar, und sie wird auch sehr ungern daran erinnert, dass sie mal nicht an der Macht war oder auf Hilfe angewiesen, aber das erwähnt ja auch besser niemand mehr. Ein paar aus dem christlichen Flügel Ihrer Partei haben das gemacht, wissen Sie noch? Diese Christen sind ja oft so verbohrt. Wo sind die heute eigentlich?

Schön, dass man das noch weiß.

Wenigstens von den meisten.

Sie haben völlig recht, Herr Merz, geplant war das ganz anders. Sie oder Ihre Parteifreunde wollten die AfD einhegen und absichern, und wenn sie irgendwie unkontrollierbar würde, dann würde man die Reißleine ziehen. Ein wasserdichter Plan, selbstverständlich. Bis auf die Sache mit der Unkontrollierbarkeit: Wer hätte gedacht, dass sie bedeutet, dass man etwas nicht mehr kontrollieren kann? Oder dass diese Leute Gerichtsurteile nicht anerkennen? Wenn man überhaupt brauchbare Urteile bekommen hat, weil diese Leute erstaunlicherweise in den Gerichten und Staatsanwaltschaften auch schon ihre Sympathisanten sitzen hatten. Oder bei der Polizei. Und jeden Verwaltungsakt und jede Entscheidung haben sie so lange hinausgezögert, bis niemand mehr da war, der sie hätte anzweifeln können. Unglaublich raffiniert, nicht wahr? Konnte man nicht ahnen.

Und diese Sache mit der Gewalt schon gar nicht.

Überall diese Gewalt. Diese Einschüchterung. Und man wusste nie genau, wo sie herkommt, weil die AfD ja immer sagte, dass sie diese Leute nicht kennt oder, dass es wütende Bürger waren oder übereifrige Polizisten oder spielende Kinder oder, oder. Sie selbst hatten auch ein, zwei beunruhigende Begegnungen, Herr Merz, nicht wahr? War sicher unangenehm. Möchte man nicht haben. Ist man lieber ruhig. Man will ja nicht, dass es einem geht wie …

Na, wir wissen beide, von wem wir reden.

Zugegeben, jetzt (wo ich's schreibe) noch nicht, aber jetzt (wo Sie's lesen) schon. Der und der und die und die. Ist inzwischen eine ganz schöne Liste. Ganz abgesehen von den Deportierten, den Eingesperrten, den Entrechteten. Was ich nicht genau weiß: Müssen inzwischen schon wieder irgendwelche Gruppen der Bevölkerung die Fußgängerzonen auf Knien schrubben? Ich würde es gerne vorhersagen, diese braune Szene greift ja oft zu historischen Vorbildern, es kann aber sein, dass die Fußgängerzonen inzwischen nicht mehr so gerne thematisiert werden.

All die leerstehenden Läden. Die Wirtschaft läuft in Deutschland nicht mehr so gut ohne Fachkräfte oder geile Internetfirmen oder weil die ganzen Biodeutschen bei Lieferando nur bestellen wollen, aber eben nicht ausliefern. Das ist das Blöde mit Nazis: Wenn's mies läuft, lösen sie keine Probleme, sondern suchen Schuldige. Konnte ja auch wieder keiner ahnen, dass Sie und Ihre Union dazugehören würden. Weil Sie nicht richtig mitgezogen haben, weil Sie nicht überzeugt waren, weil Sie vielleicht Zweifel hatten, weil Ihnen der fanatische Wille fehlte …

Nein, „fanatischer Wille" hat er es nicht genannt, der … wissen Sie noch, wie er hieß? Ja, heute (wo ich's schreibe) wissen wir's beide, aber heute (wo Sie's lesen): Wer hätte gedacht, dass man Höcke mal als gemäßigten Kopf vermissen würde? Und es stimmt ja: All die gemütlichen Nazis, die abends in der Kneipe sitzen und ihr Bier trinken und Fußball schauen (gerade jetzt, wo die Nationalelf so blütenweiß ist), die hätten doch genauso gut nach oben kommen können. Aber irgendwie steigen in Vereinen wie der AfD dann doch immer wieder die Heydrichs auf.

Haben wir Pech?

Wie oft muss man dieses Pech haben, bevor man sagen kann: das ist systemimmanent?

Ach, Herr Merz, wir könnten über all das vielleicht besser plaudern. Theoretisch, praktisch wissen Sie natürlich, dass es heute nicht gern gesehen wird, wenn sich politisch Unzuverlässige unterhalten. Oder: konspirieren. Ihre ehemaligen Regierungskollegen von der AfD sind ja überzeugt, dass die Unzuverlässigen der Grund sind, weshalb es diesem Land so viel schlechter geht als in den EU-Zeiten. Die Unzuverlässigen und die anderen Länder voller Ausländer um uns herum. Die sich an keine Absprache halten, wenn sie überhaupt eine treffen. Die nur noch schauen, was sie anderen wegnehmen können. Die nicht begreifen, dass sie nicht zuerst kommen können, wenn wir zuerst kommen. Deswegen hat ja auch unsere Bundeswehr jetzt einen Etat, von dem sie unter Scholz nur träumen konnte. Weil man rüpelhaftes Benehmen auch robust absichern muss. Und mit Atomwaffen.

Erstaunlich, wie rasch die da waren. So schnell hat man gar nicht schauen können. Aber das ist doch verständlich: Diese Russen können ja vor Kraft kaum gehen, seit man ihnen die Ukraine geschenkt hat. Und natürlich kann man sich auf die Engländer, die Franzosen, die Amerikaner, auf all diese Länder nicht mehr verlassen, denen man mit diesem „Deutschland zuerst" seit Jahren die Schienbeine wundtritt. Da sind Atomwaffen eine kostensparende Absicherung. Und wer weiß, vielleicht kann man damit auch mal zurückschießen, so gegen 5:45 Uhr.

Sie haben völlig recht, Herr Merz: Im Nachhinein ist man immer schlauer. Drum sage ich ja: Öffnen Sie den Brief erst, wenn's passiert ist, dann sind wir beide gleich schlau. Dann können wir auf Augenhöhe reden. Ich gebe es gerne zu, ich konnte es selbst ja auch nicht wissen, ich hab nur geraten beziehungsweise einfach hingehört, was die braunen Mordbuben so ankündigen. Konnte man nicht wissen, dass die es so meinen, nur weil das Putin, Trump, Orban und all die anderen genauso gemacht haben. Oder weil sie mit Ihren Freunden von der Werteunion bereits wieder Wannseekonferenzen abhielten. Gut, diesmal am Lehnitzsee, aber auch dort ging's wie 1942 um Transportprobleme oder wer Deutscher ist und wer nicht, und auch dort fiel wie 1942 das Wort „Konzentrationslager" kein einziges Mal. Konnte man also schon wieder nicht wissen.

Muss denn jeder Winter kälter sein als der Sommer, nur weil's bisher so war?

Eben.

Es tut mir übrigens leid, dass ich nur Ihnen und Ihrer Partei diesen Brief schreiben konnte oder musste. Aber das ist nachvollziehbar, oder? Zur Machtergreifung konnte die AfD wohl kaum SPD und Grüne nehmen. Oder die FDP – Spaß muss sein, heute (wo Sie's lesen) mehr denn je. Und heute (wo ich's schreibe) taugt nun mal der Herr Aiwanger nur mental jederzeit zum Steigbügelhalter, aber prozentual eben nicht.

Lieber Herr Merz, ich wünsche Ihnen alles Gute. Es kommen vielleicht wieder bessere Zeiten. Der Herr von Papen hat beispielsweise damals nach seiner zwölfjährigen Überwinterung als Botschafter in Österreich und der Türkei (würden Sie nie tun, ich weiß) noch das ganze Wirtschaftswunder mitgenommen. Und außerdem: Sie können vielleicht gar nicht so viel für das, was seither passiert ist. Es waren ja vor allem Ihre Parteifreunde, die keine Lust hatten, sich mit den anderen Demokraten zu verbünden. Dabei, man mag es immer wieder kaum glauben, hätte das vor ein paar Jahren genauso gereicht wie 1933.

Aber da ist doch die eine Frage, die Sie mir vielleicht beantworten können. Nicht heute (wo ich's schreibe), aber heute (wo Sie's lesen): Was hätte ich damals zu Ihnen und Ihrer Partei sagen sollen? Damals, als man noch alles hätte verhindern können? Als der Gedanke so verführerisch war, man könnte die AfD benutzen und weglegen wie einen Schraubenschlüssel. Wie hätte ich zu Ihnen und Ihren Parteifreunden und -freundinnen durchdringen können? Oder lag es einfach daran, dass Ihre Partei in diesem Moment niemanden vom Kaliber eines Wolfgang Schäuble hatte? Dass ein Heiner Geißler, eine Rita Süssmuth nötig gewesen wären, um die Kollegen zu überzeugen, wofür man sich zu entscheiden hat, wenn man wählen kann zwischen Macht und Demokratie?

Ich wünsche Ihnen alles Gute, so von politisch Unzuverlässigem zu politisch Unzuverlässigem.

Bleiben Sie gesund.

Bleiben Sie in Deckung.

Timur Vermes

An die

Securitate Haftpflicht

Postfach 3245

57570 Bonn

Gunda Weber

Hellmerichstraße 7

90402 Nürnberg

Stellungnahme Schadensfall Pflegeroboter

Sehr geehrte Damen und Herren,

zunächst einmal: Ich bin eigentlich nicht so. Das ist überhaupt nicht meine Art, da können Sie fragen, wen Sie wollen. Ich bin sogar ein eher herzensguter Mensch und sonst sehr geduldig. Ich stricke sogar manchmal. Aber daran können Sie auch ersehen, dass das alles gar nicht meine Schuld sein kann. Vielleicht ist es die vom Heim, vielleicht die von dieser blöden Regierung, aber meine ist es mit Sicherheit nicht. Oder höchstens zum Teil.
Meine Mutter ist seit jetzt 12 Jahren im Alfred-Schweringer-Heim. Es ist bei ihr irgend so eine Demenz, also sie ist manchmal schon geistig da, aber meistens eher nicht. Ich besuche sie praktisch jede Woche oder fast alle drei Wochen, sie bekommt es ja ohnehin oft nicht mit, und richtig reden kann man mit ihr ja auch meistens nicht. Aber zehn- oder fünfzehnmal im Jahr bin ich sicher da, grad an Weihnachten oft, schon damit man mal schaut, ob alles in Ordnung ist. Und meistens ist auch alles in Ordnung. Ich bin auch keine Gegnerin von Pflegerobotern. Das können alle bezeugen: Weil ja die Leute oft sagen, das wäre unmenschlich und alles, und ich

habe da immer gesagt: Man muss sich halt an die gewöhnen, die sind gar nicht so schlecht.

Und sie werden besser. Anfangs gab es da ja nur einen oder zwei im ganzen Heim, und die sind ja manchmal noch am Dialekt gescheitert. Meine Mutter, wenn die überhaupt spricht, dann spricht die halt Fränkisch. Wenn die noch einen Kloß will, dann kann so ein ungeschulter Roboter schon mal einen Knieverband anlegen, weil das bei uns halt „Gniedla" heißt, also praktisch „Knödelchen". Aber die Roboter lernen ja dazu, Fehler machen die meistens nur einmal, und das kann man von Menschen ja gar nicht so oft sagen.

Deswegen verstehe ich auch, dass die dauernd Updates brauchen. Weil Roboter künstliche Intelligenz haben, aber alte Leute haben halt natürliche Demenz. Die machen manchmal Sachen, die hält man im Kopf nicht aus, immer und immer wieder, und wenn man irgendwas lange genug tut, dann macht so ein Roboter halt manchmal plötzlich Sachen, die er vorher nicht gemacht hat. Ein normaler Mensch fragt einen Roboter vielleicht dreimal, ob er doch noch ein viertes Stück Kuchen kriegt. Und dann lässt er's. Aber Leute mit Demenz nicht, die fragen halt 47 Mal. Und beim 48. Mal bringt der Roboter plötzlich doch einen Kuchen. Trotz schwerer Diabetes. Das spricht sich rum. Braucht man wieder ein Update.

All das wäre mir egal, wenn es funktionieren täte. Aber es funktioniert nicht. Ich habe selber gesehen, wie es nicht funktioniert. Ich war an dem Tag bei meiner Mutter. Ich war eine Dreiviertelstunde bei ihr gesessen, und sie hat kein Wort von dem verstanden, was ich ihr erzählt habe. Und ich habe kein Wort verstanden von dem, was sie erzählte. Und wie ich grade gehen will, sagt sie plötzlich ganz deutlich: „Ich muss jetzt aber schon sehr dringend."

Da ist mir erst aufgefallen, dass in der ganzen Dreiviertelstunde kein einziger Roboter da war.

Ich hab dann auf diesen Rufknopf gedrückt. Dann haben wir gewartet. Dann habe ich noch einmal gedrückt. Und noch mal. Aber da ist niemand gekommen. Kein Roboter, und natürlich auch kein Mensch. Es gibt schon noch welche, aber das Pflegepersonal ist jetzt ja zu 95 Prozent Technikpersonal. Die können alle nur noch Roboter reparieren, aber die wissen von Pflege überhaupt nichts.

Das wäre ja auch nicht schlimm, wenn ihre Roboter kommen würden.

Bin ich also aus dem Zimmer, hab nach einem Roboter gesucht. Ist auch einer da gewesen, ich sag ihm: „Meine Mutter muss aufs Klo!" Der Roboter hat nichts gesagt, der ist einfach weiter. Und ich denk mir: Wahrscheinlich hat wer einen Herzinfarkt oder was, nimmst halt den nächsten. Aber der nächste genauso. Und der danach auch. Und dann ist eine ganze Zeit überhaupt keiner mehr gekommen.

Ich wieder rein zu meiner Mutter: „Geht's noch?"

Und meine Mutter sagt: „Ich muss jetzt aber schon SEHR dringend."

Ich hab ihr aber nicht helfen können. Meine Mutter ist eine Dame, und die hat noch nie gewollt, dass ihre Tochter ihr bei so Intimitäten hilft. Dass sie das überhaupt schon erwähnt, ist eigentlich ein extremes Alarmsignal. Ich hätte ihr auch gar nicht helfen können, ich bekomme die nicht aus dem Rollstuhl. Also stehe ich in diesem Zimmer und drücke den blöden Rufknopf. Und es passiert nichts.

Ich habe also zu meiner Mutter gesagt, dass ich noch mal eine Hilfe suchen gehe. Ich also wieder raus – und sehe sofort: Die ganze Station ist leer. Aber es gibt ja genug andere Stationen, alle sind miteinander verbunden, weil mit Robotern ist es schließlich egal, welcher wo arbeitet. Ich in die nächste Station, schnappe mir den nächsten Roboter, ich sage ihm, dass meine Mutter aufs Klo muss, von dem ist dann wenigstens diese Standardantwort gekommen: „Vielen Dank für Ihre Geduld, derzeit sind alle Pflegeroboter besetzt. Der nächste freie Roboter ist für Sie bestimmt!" Und ich habe ihm klar gesagt, okay, aber das muss dann wirklich der allernächste sein, weil, so wie ich meine Mutter kenne, haben wir echt nicht so viel Zeit, dass es also wirklich dringend ist. Aber der ist schon wieder ins nächste Zimmer gerollt. Dann bin ich dem Herrn Kraus vom Staff begegnet.

Ich zum Herrn Kraus: „Meine Mutter muss aufs Klo. Dringend."

Und der Herr Kraus hat mir gesagt, dass er mir gerade nicht helfen kann. Ich so: „Sind Sie nicht Pflege?" Und er: „Schon, aber für die Roboter." Und dass er überhaupt nichts von Pflege weiß. Die Roboter hätten gerade wieder ein neues Update bekommen, das sei jetzt das dritte in der Woche, und er müsse jetzt erst mal zusehen, dass die Netzwerke wieder funktionieren. Aber ich solle mir keinen Kopf machen, eigentlich müsste da mindestens alle halbe Stunde einer vorbeischauen, und sicher sei in der Zwischenzeit schon einer bei meiner Mutter gewesen.

Ich denk mir, dass es der Herr Kraus ja wissen muss, bin also zurück, aber da seh ich dann schon, dass die Katastrophe passiert ist. Da sitzt meine Mutter und weint, weil ihr das alles so peinlich ist, und mir ist das doch auch peinlich. Aber ich kann meine Mutter doch nicht so sitzen lassen, also such ich nach frischen Sachen, ich drück auf den Scheißknopf, ich such nach irgendeinem Lappen, ich drück auf den Scheißknopf, ich versuche meine Mutter irgendwie zu beruhigen, ich drück auf den Scheißknopf, dann fällt mir ein, dass ich ihre Einlagen für untenrum nicht habe und dass ich ja noch immer nicht weiß, wie ich meine Mutter aus dem Rollstuhl kriege, also renn ich wieder raus, und dann hab ich gebrüllt: „Kann mir vielleicht irgendeiner mal helfen, verdammte Scheiße!"
Und dann hab ich endlich einen Roboter gesehen, am Ende vom Flur.
Ich hab diesen Roboter angesehen wie ein Christkind, der ist auch auf mich zugefahren, der hat geblinkt, ich hab, glaube ich, sogar gewinkt, völlig überflüssig, die wissen doch, wo die Zimmer sind. Der Roboter fährt auf mich zu, ich hab gemeint, das ist ein Elektroengel. Und wie er direkt vor unserem Zimmer ist, blinkt er noch zweimal. Dann bleibt er stehen.
Und dann dreht er um.
Und ich höre, wie im Zimmer drin meine Mutter weint. Richtig herzzerreißend weint. Das ist nicht schön, wenn die eigene Mutter weint, verstehen Sie? Ich hab bloß noch gewusst, dass meine Mutter jetzt diesen Roboter braucht.
Deshalb hab ich mich ihm dann wohl in den Weg gestellt. Ich habe ihn vermutlich angeschrien, genau weiß ich es nicht mehr. Und er wieder: „Vielen Dank für Ihre Geduld, derzeit sind alle Pflegeroboter besetzt. Der nächste freie Roboter ist für Sie bestimmt!" Und ich hab dann halt versucht, ihn aufzuhalten.
Aber die Teile sind echt schwer. Die hält man nicht so leicht auf.

Deshalb habe ich wohl instinktiv auch nach was Schwerem geguckt. Und da war halt nichts anderes als der Feuerlöscher. Da sieht man auch wieder, dass das eine Art Ausnahmezustand gewesen sein muss. Ich habe es jetzt gegoogelt, 15 Kilo wiegt so ein Feuerlöscher, aber mir ist er in dem Moment viel leichter vorgekommen. Auf den Überwachungsvideos sieht man ja, wie ich den richtig hochhebe, dabei bin ich doch eher unsportlich. Also, wenn man das anschaut, da erkenne ich mich auch selbst kaum wieder, das bin nicht ich. Das ist mir wirklich extrem unangenehm, das müssen Sie mir glauben. Aber ich erinnere mich, dass das in dem Moment ein unglaublich erleichterndes, ein wohltuendes Gefühl gewesen ist, wie ich diese rote Flasche so senkrecht runtersausen lasse, wie die durch das Display von dem Roboter schlägt, und wie dann die ganze Plastikverkleidung nach und nach absplittert, und wie ich dann die Drähte und Kabel da rausreiße, ich kann nur noch einmal beteuern, dass ich sonst wirklich nicht so bin.
Ich weiß ja jetzt auch, dass die Roboter da nichts dafür können, dass das eben die Schuld ist von den Angehörigen. Die da mit Tricks und Apps und so Betrügerprogrammen dafür sorgen, dass die Roboter immer ihre Eltern und Großeltern als Erste drannehmen. Das wusste ich damals nicht, dass das geht. Ich wüsste heute auch noch immer nicht, wie man das macht, aber es ist natürlich viel vernünftiger, dass man da digital bescheißt, als dass man gleich den ganzen Roboter kaputthaut. Und nächstes Mal frage ich vielleicht mein Patenkind, die will einmal Programmiererin werden. Ich kann Ihnen nur versichern, dass ich das künftig nicht mehr mache. Ich habe auch schon so ein Seminar für Gewalt begonnen, also das heißt natürlich für gegen Gewalt. Daher möchte ich Sie herzlich bitten, für den Schaden aufzukommen, das war ganz bestimmt eine einmalige Situation, ich bin wirklich tief zerknirscht.

Hochachtungsvoll

Gunda Weber

An: Schotterkoenig@hotmail.de
Cc:
Bcc:
Betreff: Re: Rentabilität/Ausrichtung DB

Hi Alter,

danke noch mal für den Auftrag (ja, ich weiß, war nicht deine Entscheidung, trotzdem), das Gutachten ist durch, geht nächste Woche raus. Du kannst natürlich die 300 plus x Seiten gern dann selbst nachlesen, aber ein bisschen Vorsprung schadet dir bei deinen Vorstandskollegen sicher nicht, also hier: die Kurzfassung. Hast du aber nicht von mir. Die Bestandsaufnahme wird dir entgegenkommen, die liegt ziemlich auf der Linie, die ihr geahnt habt: Das Problem am ganzen Bahngeschäft ist tatsächlich die Idee, Menschen in Zügen befördern zu wollen. Klar, keine Kunst, wenn man Züge hat, die fahren, und ein heiles Gleisnetz, aber wenn nicht, kann man's komplett vergessen. Kostet nur. Ist sicher in deinem Sinne, dass wir jetzt den Schwerpunkt nicht aufs „Wie-konnte-es-so-weit-kommen" gelegt haben, ist ja alles Schnee von gestern. Ich würde dir auch raten, das offensiv genauso zu machen. Sag, dass du keine Lust aufs Blame-Game hast und Probleme lösen willst, statt Schuldige zu suchen, bla, bla, bla, dein Redenschreiber weiß Bescheid. Aber noch mal, wir können nur bestätigen: Das Problem sind die Fahrgäste. Bloß, die einfache Reduktion ist nicht zielführend. Zehn oder zwanzig

Prozent Reisende weniger bringt nichts, weil ihr das ganze teure Angebot weiter vorhalten müsstet. Hingegen bei 100 Prozent weniger sieht die Sache schon ganz anders aus. Wir haben das mal durchgerechnet. Ihr habt derzeit über 100.000 Mitarbeiter, die nur damit beschäftigt sind, Leute in der Gegend herumzufahren, die würden praktisch komplett wegfallen. Dasselbe gilt für Loks, Reparaturen, Reinigung. Und dasselbe gilt natürlich auch beim Frachtverkehr: Wer nichts herumfährt, hat auch keine Kosten. Klingt einfach, ist es aber auch. Insgesamt habt ihr derzeit roundabout 300.000 Leute, unser Gutachten gibt's euch schriftlich: Ohne die Fahrerei kommt ihr mit nur 15 klar; wenn ihr's geschickt macht, wahrscheinlich sogar mit fünf.
Das mit den Kosten ist nur einer der Vorteile: Wer niemanden rumfährt, hat auch keine Unfälle, keine Verspätungen, keine Scherereien, muss weder irgendwelche Versprechungen machen noch sie einhalten. Also, wir sagen: Macht es so wie bei den Nachtzügen, die habt ihr ja auch einfach eingestellt bzw. den Ösis aufgedrückt. Sollen die sich damit rumschlagen. Aus unserer Perspektive heißt das: weiter so! Ohne die Grünen hat man da ja auch ganz andere Spielräume.
Aber, schon klar, auch fünf Mitarbeiter müssen irgendwas tun. Wichtige Frage: was?
Viele Einnahmequellen fallen ja weg: Fahrkarten verkaufen geht nur noch in so Nostalgieshops. Apropos, wir raten dazu, das Geschäft mit den Accessoires und dem Liebhaberzeug dringend zu behalten: Bahnhofsuhren, Halstücher, Uniformen, alles

geil, hohe Kundenzufriedenheit. Könnte evtl. effizienter sein, wenn man's an Amazon outsourct, die können das genauso. Soll das Accounting mal durchrechnen. Die gute Nachricht ist in jedem Fall: Ihr habt in Zukunft freie Hand, der Gegenstand eures Unternehmens kann jederzeit erweitert werden (Rechtsabteilung checken lassen).
Die Frage ist natürlich, was wird künftig aus der Marke „Die Bahn"? Good news: Unsere Auswertung ergab, dass sie nicht völlig wertlos ist. „Die Bahn" ist mit „Die Post" vergleichbar, aber (weißt du selbst) erheblich weniger wertig. „Die Post" liefert ja immerhin gelegentlich noch den einen oder anderen Brief aus ;-). Aber wie gesagt, man muss den Namen „Die Bahn" nicht gleich wegwerfen. Aus unseren Erhebungen können wir schließen, dass die Bahn vor allem für Seriosität steht. Seriosität ist hier allerdings nicht im Verständnis von „Pünktlichkeit" oder „Zuverlässigkeit" oder anderen klassisch „deutschen" Werten zu sehen. Aber der überwiegende Teil der Befragten äußerte noch immer die feste Überzeugung, dass man bei der Bahn nicht vorsätzlich betrogen wird. Das klingt vielleicht nicht unbedingt nach viel, aber man kann immerhin drauf aufbauen.
Eure Idee, sich auf die Kernkompetenz „Bordgastronomie" zu konzentrieren, ist, hm, nicht so gut. Die Umfragen ergaben zwar beinahe befriedigende Noten, aber auf die Frage „Würden Sie dort auch essen wollen, wenn das Bordrestaurant in Ihrer Innenstadt stünde?" wählten 98 Prozent die Optionen „Eher nicht" und „Nie im Leben". Die übrigen zwei Prozent waren fehlerhaft ausgefüllt. Wenn wir eher

gewusst hätten, dass euch das Thema so am Herzen liegt, hätten wir von der Frage dringend abgeraten, aber so sind die unschönen Resultate nun mal in der Welt. Shit happens.

Das Beispiel „T-Online" sollte euch aber Mut machen: Der Name stand für einen defizitären und ständig unter Beschwerden leidenden Internet-Dienstleister. Seine Seriosität machte es möglich, dass „T-Online" heute als Nachrichtenportal ordentlich weiterlebt. Vergleichbares sollte auch mit „Die Bahn" klappen, wobei man die Assets „Geschwindigkeit" und „Verlässlichkeit" natürlich abziehen muss. So wäre vom Transport von Nachrichten genauso abzuraten wie vom Überbringen leicht verderblicher Lebensmittel. Denkbar wären allerdings sofort Lebensmittel mit einer Haltbarkeit von mehreren Jahren, sagen wir Mehl, Konserven, Salz. Leider ist der Markt hier gesättigt. Außerdem ist Transport ja wirklich nicht euer USP.

Wir empfehlen: Besinnt euch auf eure Stärken. Und das ist laut unseren Erhebungen, dass die Leute ganz klar wissen: Ob Mensch, ob Kiste, was oder wer mal im Bahnhof ist, kommt nicht weg. Für eine Transportfirma ist das fatal, aber in einer anderen Branche ist das sogar ideal: Lagern und Aufbewahren. Der Beweis: Eure Schließfächer sind sehr beliebt. Noch mehr Potenzial sehen wir, wenn es gelingt, das Reizwort „Zeit" positiv umzudeuten: Der Schwerpunkt sollte weg von „Pünktlichkeit" und hin zu „Reife". „Die Bahn" könnte dann für alles stehen, was mit „Geduld" und „Ausdauer" zu verbinden ist. Dazu können auch Aufgaben gehören wie Kompostierung oder die Lagerung von Käse oder Wein

und Spirituosen (Whiskey reift bis zu 30 Jahre!
Und das immer im selben Fass!). Überhaupt alles,
was über Hunderte und Tausende von Jahren praktisch unverändert bleibt und nirgendwo hinmuss.
Ich sage nur: nuklearer Sondermüll!
Wir können ja mal bei einem Käffchen drüber quatschen. Noch mal: Von mir hast du all das nicht.
Grüße an die Süße!

Django

Neue Härtte in Nahost

Israel behält Kriegsziele unvermindert bei – Palästinenserorganisationen sehen sich bestätigt – „Lawroft"-Mission weiterhin erfolglos

JERUSALEM/MOSKAU/WASHINGTON (dpa) – Während sich in der gemeinsamen Friedensmission „Lawroft" von Ex-Außenminister Lawrow und Kirchenoberhaupt Taylor Swift weiterhin keine Fortschritte abzeichnen, ist ein Ende der Kampfhandlungen im Nahen Osten noch immer nicht absehbar. So sprach die israelische Regierung nach dem gestrigen Tag von den bisher härtesten Gegenmaßnahmen. Tatsächlich habe man in der gesamten Geschichte des Konflikts noch nie eine Reaktion von dieser umfassenden Härte gezeigt. Man könne daran jederzeit auch die unverminderte Entschlossenheit der Regierung ablesen und weiterhin davon ausgehen, dass es trotz der unerwarteten Dauer des Konflikts keinerlei Abstriche bei den Kriegszielen gebe.

Von den beteiligten Palästinenserorganisationen war zunächst offiziell keine Stellungnahme verfügbar. Nahestehende Kreise versicherten jedoch, die Organisationen seien bei weitem nicht am Ende, ja, noch nicht einmal ansatzweise geschwächt, und die Regierung werde das in den nächsten Tagen zu spüren bekommen, zumal sich die Möglichkeiten der Organisationen dank einer vorausschauenden Taktik in den letzten Tagen sogar vergrößert und bei genauerer Betrachtung sogar noch verbessert hätten. Tatsächlich habe man alle Maßnahmen des Gegners vorhergesehen und genau so erwartet, man könne sogar sagen: Man habe sie exakt in dieser Form gewünscht. Weshalb man umgekehrt dem Feind sogar seinerseits noch härtere und verheerendere Angriffe in Aussicht stellen könne, deren Ausmaß alle bisherigen Schläge in den Schatten stellen würde – bis dem Feind die Vergeblichkeit und Gewissenlosigkeit seines Handelns endlich klar werde.

Am späten Abend registrierten internationale Beobachter eine weitere Ausweitung der israelischen Luftschläge sowie der Bodenoffensive, bei der zahlreiche Stellungen, aber auch ein Kinderkrankenhaus sowie eine Entbindungsstation getroffen wurden. Umgekehrt waren neben palästinensischen Selbstmordattentaten erneut umfangreiche Raketen- und Drohneneinschläge zu verzeichnen, denen neben zahlreichen Infrastruktureinrichtungen auch eine Kindertagesstätte sowie ein Waisenheim mit 28 Kindern zum Opfer fielen. Die israelische Regierung zeigte sich noch in der Nacht entsetzt von der Skrupellosigkeit der Palästinenser und verwies zugleich auf ihre bevorstehende Gegenreaktion, deren Härte die der vorherigen Gegenreaktionen in schwer bzw. kaum noch bzw. überhaupt nicht mehr vorstellbarem Ausmaß übersteigen würde. Es seien am letzten Tag mehr gegnerische Kämpfer als je zuvor eliminiert worden sowie noch mehr gegnerische Stellungen als in allen Tagen zuvor zusammengenommen. Der Gegner habe unvorstellbare Verluste hinnehmen müssen und Schäden in nie dagewesenem Ausmaß.

Zu dem zerstörten Kinderkrankenhaus könne man jedoch keine Stellung nehmen, der Vorgang sei dem Verteidigungsministerium neu bzw. unbekannt. Eine Verantwortung dafür weise man von sich und gehe wie bei zahlreichen anderen Kliniken und vor allem auch Schulgebäuden von einem Gasleck aus bzw. von Korruption und den ortsüblichen Nachlässigkeiten bei der Bauaufsicht.

Vertreter der Palästinenser präsentierten sich ebenfalls noch in der Nacht rund um das Kinderkrankenhaus erschüttert, aber gefasst. Die Tat zeige das wahre, feige und mörderische Gesicht des Gegners, dem man ab sofort mit einer noch niemals gesehenen Entschlossenheit entgegentreten werde. Man werde in aller Härte und noch erbarmungsloser Blutstropfen mit Blutstropfen vergelten und jede einzelne Grausamkeit tausendfach zurückzahlen. Man könne jedoch an der gegnerischen Verzweiflung den überwältigenden Erfolg der eigenen Angriffe erkennen, der Feind sei mit einem Bombenhagel unvorstellbaren Ausmaßes bestraft worden, jeder einzelne Gegner hätte bittere Verluste erlitten, und das sei nur der Anfang. Man lehne allerdings die Verantwortung für das getroffene Waisenhaus ab, da man aus religiösen Gründen bekanntlich weder Waisenhäuser noch Tagesstätten angreife. Die Schuld sei eher bei der Regierung Israels zu suchen, die offenbar nicht nur gegnerische Kliniken, sondern neben den eigenen Kindergärten, Spielplätzen und Sportvereinen jetzt auch ihre eigenen Waisenhäuser bombardiere, wie üblich in der Absicht, den Angriff den heroischen Kämpfern der Freiheit in die Schuhe zu schieben. Dies würde sich jedoch bitter rächen, man würde nunmehr mit einer Härte zurückschlagen, die in der Geschichte der

Menschheit bzw. in allen jemals dagewesenen Geschichten aller jemals dagewesenen Menschheiten noch nicht erlebt worden sei. Um dies angemessen zu verdeutlichen, würde man diese neue Härte jetzt mit zwei „t" als Härtte klassifizieren, und Ströme von Blut würden durch Täler voller vermoderter Knochen fließen bzw. sich vielleicht sogar aufstauen zu Seen und ganzen Meeren von Blut.

Von der israelischen Regierung war dazu kein direktes Statement zu bekommen. Erst gegen Mittag verlautete sie dann, dass man sich keinesfalls von den Drohungen der Terroristen werde einschüchtern lassen. Im Gegenteil rufe man mit Nachdruck zur Deeskalation auf und warne davor, weiterhin Öl ins Feuer zu gießen. Im Übrigen werde man die eigenen Schläge fortführen, bis der Gegner komplett vernichtet sei bzw. in die Stein- oder gar Kreidezeit zurückversetzt. Gerüchte, man wolle der gegnerischen Härtte ebenfalls ein zweites oder womöglich ein drittes „t" entgegensetzen, kommentierte man nicht. Jedenfalls werde man mit allen Mitteln sicherstellen, dass der Feind künftig niemals mehr zu irgendeiner Form des Terrorismus fähig sei. Diese Vorgehensweise habe sich nicht nur nach dem heimtückischen Angriff von 2023 bewährt, sondern auch nach den deutlich schwereren Angriffen 2029, 2031 und zuletzt vor vier Jahren. Sie sei daher auch jetzt wieder die einzig sinnvolle.

Karlheinz-Rummenigge-Gymnasium
z. H. OStDin Ratebeil
Glashosenweg 12
59006 Schmotteln

Gunther und Claudia Schnitzer-Geräumt
Widderweg 9
59020 Schmotteln-Eibenwald

Gerechte Beurteilung für Meghan Schnitzer-Geräumt

Sehr geehrte Frau Direktor Ratebeil,

wir bitten uns das direkte Anschreiben nachzusehen, aber wir möchten dringend anregen, endlich gegen die fortwährende Benachteiligung unserer Tochter Meghan (Klasse 4b) einzuschreiten. Wir wissen, dass man in einer Schule nicht jedes Kind über Gebühr berücksichtigen kann, aber in Meghan's Fall muss man eindeutig sagen: Genug ist genug. Wer bekommt denn heute noch eine Fünf in einem Deutschaufsatz? Wie kann es in einer modernen Schule in einem der reichsten Länder der Welt überhaupt so weit kommen?
    Wir versichern Ihnen: Wir (oder wenigstens meine Frau) sind danebengesessen, als das Mädchen den ganzen Aufsatz per Hand ausgedruckt hat. Für uns wirkte der Text gut (um nicht zu sagen: außerordentlich). Fehler sind uns nicht aufgefallen, sollten noch welche drin gewesen sein, könnte das allenfalls an einer Nachlässigkeit oder einem Kompati-

bilitätsproblem der Spracherkennung gelegen haben. Aber soll eine Neunjährige bestraft werden, weil sie das falsche Betriebssystem benutzt? Das wäre doch digitaler Rassismus!

Wäre es das erste Mal, dass solche Dinge vorkommen, würden wir uns nicht bei Ihnen beschweren. Tatsächlich ist so was jedoch an der Tagesordnung! Die Gründe sind uns unklar, doch an Meghan kann es nicht liegen. Unsere Tochter ist nicht dumm. Und sie lernt und arbeitet jeden Tag weit jenseits der Belastungsgrenze.

Denn obwohl das mit der Rechtschreibung jetzt weggefallen ist, gilt immer noch: Stress and more! Gerade Sie sollten eigentlich wissen, welchem Druck Kinder von heute ausgesetzt sind! Vom ersten Tag! Hefte, Federmäppchen, Umschläge verschiedenster Farben, Schulbücher, Sportzeug – ich sage nur: Amazon kommt nicht von allein! Beziehungsweise mit Alexa schon, aber zu Hause muss dann schon auch noch jemand an die Tür gehen. Oder das Kind hinterher zum Paketshop fahren, aber natürlich erst am Folgetag. Was da Zeit verloren geht!

Fast genauso viel Zeit, wie verplempert wird, weil bei Ihnen das WLAN wieder nicht funktioniert und die Kinder die Hausaufgaben in aller Eile per Hand notieren müssen. Unsere Meghan hat eine sehr saubere Schrift, aber nicht, wenn sie gehetzt wird! Das kann doch alles kein Mensch mehr lesen! Oder in dieser Kantine, wo jetzt jeden Tag gegessen werden muss, weil es angeblich so wichtig ist. Täglich vier Gerichte, acht Salatmöglichkeiten, vegan, koscher, alles Mögliche, wer soll das alles entscheiden? Was das dauert! Und die Kinder sollen dann zu Hause die Verspätung wieder reinarbeiten? In welcher Welt leben Sie eigentlich?

Zumal es ja angesichts der unzumutbaren Verkehrsregelungen vor Ihrer Schule inzwischen völlig unmöglich ist, in einer brauchbaren Zeit nach Hause zu fahren. Über eine Stunde braucht meine Frau inzwischen! Und das trotz einer nagelneuen Umgehungsstraße! Das sind 25 Minuten mehr als der Bus! Was sagt das über unser Schulsystem?! Armes Deutschland!

Und zu Hause?

Alle Pädagogen bei Telegram billigen Kindern im Alter von Meghan eine Stunde zu, um erst mal runterzukommen. Mindestens. Um dann mit der Hausarbeit zu beginnen – aber wie sieht die aus? Strom aufladen, Updates installieren. Ich selbst sehe meiner Tochter oft genug zu, wie sie neben irgendwelchen elektronischen Geräten den Akkustand überwacht. 19 Prozent, 27 Prozent, dabei ist sie viel zu jung für Prozentrechnen! Ich sagte erst kürzlich: „Meghan, Schatz, du musst deine Hausaufgaben machen!" Und das Kind antwortet mir mit Tränen (!) in den Augen (!!): „Ich brauch erst den alten Pätsch und dann den neuen Fix!" An ein vernünftiges Arbeiten ist so selbstverständlich nicht zu denken. Wenn ich nur mal einen Blick in den Klassenchat werfe, wird da nur Mist gequatscht. Und warum? Weil um diese Zeit offenbar alle Kinder irgendwo neben einer Steckdose sitzen müssen und auf irgendwelche Prozente starren! Wie Dreijährige in eine Waschmaschine! Wo soll das alles enden?

Vernünftigen Content für ihren Blog bekommt das Mädchen auf diese Weise natürlich auch nicht zusammen. Kein Wunder, dass sie bisher nur neun AbonnentInnen hat. Natürlich sagen wir ständig: „Meghan, Schule geht vor!" Aber wissen Sie, wie weh das tut, wenn man mit ansehen muss, dass das eigene Kind von der weltweiten Welt praktisch ignoriert wird? Neun AbonnentInnen! Und zwei davon sind wir! Kennen Sie den Schmerz, wenn sogar weitaus unansehnlichere Klassenkameradinnen bis zu 24 Follower haben (ich nenne hier keine Namen, oder doch: diese eher verwachsene Rihenna oder Rehinna, wo will die denn 24 Follower herhaben??). Aus welcher digitalen Steinzeit muss man kommen, um das nicht nachfühlen zu können?

Oder um minderjährigen Kindern diese Unmengen an Hausaufgaben aufzubürden? Was glauben Sie denn, wie viele Aufsätze ein junger Mensch von einer Künstlichen Intelligenz schreiben lassen kann? Einen pro Woche? Zwei? Allein in der letzten Woche waren es drei! Und das Mädchen war so überarbeitet, dass wir sie noch daran erinnern mussten, auch noch das Zweitprogramm mit der Korrektur zu beauftragen. Oder im Deutschunterricht: Pro Woche liest Alexa meiner Tochter bis zu 40, 45 Seiten Text vor. Den lange ersehnten Traum von Klavierstunden für Meghan oder einer Karriere am Ballett mussten wir aus Zeitgründen bereits aufgeben. Welches kleine Glück bleibt einem Kind dann noch?

Nun haben Sie und Ihr Lehrpersonal für Ihre Arbeit vermutlich Ihre sogenannten „Gründe". Und wir leben ja in einem Land der Betonbürokratie und Zementpädagogik, wo alles seine Ordnung haben muss. Daher fordern wir auch für unsere kleine Meghan weder Mitleid noch eine Sonderbehandlung. Aber wir fordern für sie ein, was wohl noch dem geringsten Menschen auf dieser Erde zusteht: Gerechtigkeit. Und dazu gehört, dass man die speziellen Umstände würdigt, unter denen sich dieses arme Mädchen jeden Tag zu Höchstleistungen quält.

Sie müssen aus den Unterlagen doch genau wissen,

dass Meghan nun mal diese Lese- und Rechtschreibschwäche hat. Was glauben Sie denn, wieso das Kind so ungern schreibt oder liest? Wenn Sie schon irgendwelche Texte verlangen, dann müsste der Nachteilsausgleich viel höher sein. Zumal beides durch eine gleichzeitige Rechenschwäche verstärkt wird! Wissen Sie, wie sehr solche Kinder um jedes Wort und jede Zahl ringen? Viele Pädagogen sagen, dass da eigentlich ein Überwindungsbonus verdient wäre! Sehen Sie ruhig mal in Ihren Vorschriften nach, da steht es drin, beziehungsweise alles andere würde uns jedenfalls sehr wundern.

Von Meghan's Asthma gar nicht zu reden! Und es IST Asthma, da kann dieser Arzt sagen, was er will! Wenn man häufig am Sport nicht teilnehmen kann, ist das Gefühl des Misserfolgs und Andersseins besonders fatal. Das sagt auch Meghans Therapeutin. Erst kürzlich äußerte sich Meghan zu einer Nachbarin: „Was habe ich nur getan, dass Gott mich hasst?" Wir müssen sogar befürchten, dass Meghans zunehmende Kopfschmerzen im Religionsunterricht auf eine beginnende Theophobie zurückzuführen sind. Und dann steht im Zeugnis eine Fünf? Was kann denn das Kind dafür?

Bitte verstehen Sie uns nicht falsch. Was hier wie Zorn klingt, ist nur die Fürsorge und Liebe zur eigenen Tochter. Und wir haben ja auch für Ihre Situation ein gewisses Verständnis. Wir wissen: Gerade Mädchen werden in der Schule konstant unterschätzt. Und laut Studien (ChatGPT, gutefrage.net!) werden gerade gut aussehende Kinder häufig zusätzlich benachteiligt. Insbesondere von Lehrkräften mit mäßigem Selbstwertgefühl (z. B. Fr. Kramer/Deutsch, Fr. Özdemir/Mathematik!). Es kann also manchmal schwerfallen, einem Mädchen wie unserer Meghan ganz sachlich die Eins zu geben, die es verdient. Aber sicher wird es leichter, wenn man erkennt, dass Meghan auch selbst unter ihrer Attraktivität leidet. Versetzen Sie sich doch einmal in ein junges Mädchen, von dem alle annehmen, dass es bereits Model ist oder es zumindest bald sein wird! Ich möchte keines der Ergebnisse sehen, wenn Sie oder ich unter diesem Druck rechnen müssten. Oder Dall-E instruieren, nur weil wieder irgendjemand für „Kunst" ein Bild braucht. Als gäbe es nicht schon genug Bilder!

Und trotzdem hat sich Meghan kein einziges Mal beklagt! Denn Gott sei Dank ist unser Mädchen ungewöhnlich stark. Obwohl wir die Delfintherapie verschieben mussten. Sie wissen sicher, wie selten solche Therapieplätze in diesem angeblichen „Sozialstaat" sind, nun warten wir jeden Tag verzweifelt auf den Therapiehund, den eine Nachbarin meiner Schwester gerade für uns ausbildet. Das dauert.

Daher möchten wir an Sie appellieren: Sie waren ja bestimmt auch einmal jung.

Auch Sie hatten Träume! Und jetzt sind Sie Lehrerin.

Daher sind meine Frau und ich überzeugt, dass Sie sich Ihrer Verantwortung bewusst sind – auch für die Träume eines jungen Mädchens. Sie wissen sicher, was Meghans größter Wunsch ist: Sie möchte Juristin werden, Anwältin, Richterin, Justizministerin oder sogar Gerechtigkeitsinfluencerin. Aber, und hier frage ich Sie: Wie kann dieses Glück Wirklichkeit werden, wenn ihr schon in jungen Jahren jedes Vertrauen in die Gerechtigkeit entzogen wird?

Nun, alle Menschen machen Fehler. Und noch lässt sich alles in die richtigen Bahnen lenken. Wir sind daher überzeugt, dass Sie, verehrte Frau Direktor Ratebeil, die Benotungsarbeit Ihrer Anstalt noch einmal gründlich überdenken werden und uns anschließend zeitnah von Ihren Korrekturen unterrichten. Wir würden uns nur ungern gezwungen sehen, die Angelegenheit unserem Anwalt zu übergeben.

Herzlich erschüttert und nur mit den besten Absichten

Gunther und Claudia Schnitzer-Geräumt

PS: Bitte geben Sie an Ihre Kollegen weiter, dass Meghan in der nächsten Woche im Unterricht verhindert sein wird. In Anbetracht der Flugkosten (CO_2-Irrsinn!) war ein Termin in der Hochreisezeit finanziell eindeutig unzumutbar, weshalb wir auf die Nebenzeit ausweichen mussten. Meghan war doch noch nie auf den Bermudas!

Willkommen

Welcome

欢迎

Herzlichen Glückwunsch zum Erwerb Ihrer I-Witness®-Linsen!

Es stimmt: Sie werden tatsächlich nie wieder eine Brille brauchen. Dies gilt auch für Sonnenbrillen, denn die I-Witness-Shades®-Linsenverdunklung steht ab sofort zu Ihrer Verfügung, selbstverständlich ebenfalls kostenlos!

Sie können diesen Text lesen? Dann wissen Sie: Operation und Heilung sind komplikationslos verlaufen. Wenn Sie weiterlesen, leiten wir Sie automatisch zur Einrichtung der Linsen.

Ab *hier sollte der Text kursiv gesetzt sein und im Verlauf des Satzes* jetzt wieder ins normale Schriftbild wechseln. Wenn Sie dieselbe Zeile nochmals lesen, sollte alles erneut geschehen.

Hat es gestimmt? Sehr gut.

Ihre Daten zu Pupillenweite, Blutdruck und Puls entsprechen den Normwerten. Das überrascht nicht: I-Witness® kann inzwischen weltweit auf die Erfahrung von über 1,7 Milliarden implantierten Linsenpaaren verweisen. Zögern Sie jedoch trotzdem nicht, bei Beschwerden sofort die Hotline zu kontaktieren, die an 365 Tagen im Jahr 24 Stunden lang für Sie zu erreichen ist. Wie die Operation und jede eventuelle Wartung ist jeder Anruf bei der Hotline für Sie selbstverständlich völlig kostenlos. Wie Sie zudem an der Übermittlung Ihrer Werte erkennen können, sind Ihre Linsen jetzt online.[1]

Vor der Personalisierung möchten wir Sie daran erinnern, dass Sie die nötige Energie für I-Witness® über die Bewegung des Augapfels erzeugen. Da sich Ihre Augen auch im Schlaf bewegen, ist mit einem Energieabfall nicht zu rechnen – sollten Sie jedoch aufgrund medizi-

---

1 Bei WLAN-Problemen sowie bei Installationsänderungen kontaktieren Sie bitte Ihren Augenoptiker.

nischer Maßnahmen längere Zeit in Narkose verbringen, kann es beim Erwachen zu einem kurzzeitigen Ausfall der elektronischen Funktionen kommen. Schließen Sie in diesem Fall die Augen und rollen Sie drei bis fünf Mal mit den Augäpfeln. Danach sollte die volle Funktionsfähigkeit der Pupillen wiederhergestellt sein.

Prüfen Sie nun die akustische Signalübermittlung über die Schädelknochen. Schließen Sie kurz die Augen und lauschen Sie, ob Sie einen Unterschied bemerken.

Nein?

Sehr gut. Sie sind startbereit!

■ *Das AdvertEyes®-Programm*

I-Witness® ist völlig kostenlos, denn I-Witness® ist komplett werbefinanziert durch das AdvertEyes®-Programm. Mit der Übernahme Ihrer I-Witness®-Linsen haben Sie sich bereit erklärt, das vereinbarte geringe Werbezeitbudget[2] zu betrachten. Im Sehen von Werbung sind Sie dabei absolut frei, die Werbeleistung muss keineswegs sofort abbetrachtet werden, sie sammelt sich automatisch in Ihrem AdverTank®. Diesen können Sie dann ganz bequem in Momenten Ihrer Wahl leersehen. Der Abruf von Werbung erfolgt mühelos über das Blinzeln mit BlinKontrol® (Seite 27), dort sehen Sie auch jederzeit den Füllstand des AdverTank®[3]. In der Verwaltung Ihres AdverTank® sind Sie frei: Sie können sich im Voraus ein Guthaben ansehen oder Werbekonsum bei Bedarf später nachholen. Aber das Beste: Es bestehen viele attraktive Möglichkeiten, den AdverTank® beschleunigt zu leeren[4] (s. u.).

---

[2] Die Werbezeit überschreitet nicht die Menge von drei Minuten pro genutzter Stunde. Jeder Clip ist bis zum Ende anzusehen, ansonsten wird er wiederholt. Nicht gesehene Clips müssen am nächsten Tag vor dem privaten Gebrauch der Linse nachbetrachtet werden.

[3] Die Überfüllung Ihres AdverTanks® ist gesundheitlich unbedenklich, kann jedoch dazu führen, dass Werbung mit erhöhter Priorität abgespielt wird (s.u.).

[4] Überschreitet die Werbezeit im AdverTank® eine Gesamtmenge von 48 Stunden, beginnt I-Witness® automatisch mit der Abbetrachtung von Werbeinformationen. Diese werden bequem vor dem Einschlafen in einer Tagesmenge von bis zu 90 Minuten zzgl. fünf Minuten Verzugswerbung abgespielt. Danach ist jederzeit ungestörter Schlaf möglich.

▪ *Werbeoptionen*

Vor Inbetriebnahme möchten wir Ihnen nun die Gelegenheit geben, die Werbeoptionen für Sie zu optimieren. Dazu zeigen wir Ihnen je eine Zeile mit drei Begriffen eines Bereichs. Bitte fixieren Sie den Begriff, der Ihnen am meisten zusagt. Wählen Sie bitte zunächst aus dem Bereich „Gemüse":

Paprika   Radieschen   Tomate

Danke. Bitte wählen Sie jetzt aus dem Bereich „Obst":

Erdbeere   Orange   Kirsche

Danke. Bitte wählen Sie jetzt aus dem Bereich „Haustier":

Hund   Aal   Katze

Danke. Bitte wählen Sie jetzt aus dem Bereich „Entertainment":

Verdauung   Regelbeschwerden   Harndrang

Danke für Ihre Geduld. Sie interessieren sich also besonders für Werbeeinblendungen zu „Schneller Reichtum", „Games" und „Darmflora". Wir weisen darauf hin, dass Werbeeinblendungen Ihre volle Aufmerksamkeit brauchen und daher weder abgebrochen noch in der Arbeitszeit betrachtet werden können. Bitte priorisieren Sie jetzt geeignete Zeiträume in Ihrer Freizeit, in denen Sie besonders gern Werbung sehen möchten:
- Morgens nach dem Aufwachen
- Immer wenn Stille herrscht
- Bei jedem Toilettengang
- Gesprächspausen

Danke.

■ *Unterbrechung in Notfällen*

In Notfällen (Feuer, Sturm, Hochwasser, Erste Hilfe etc.) können Sie das Betrachten von Werbung selbstverständlich sofort abbrechen: Der laute Ruf „Notfall! Notfall!" schaltet ein zehnminütiges werbefreies Zeitfenster frei. Der Vorgang ist beliebig oft wiederholbar.[5]

■ *Alternative Werbemöglichkeiten*

Obwohl Werbung Sie mit wichtigen Informationen für Ihren Alltag versorgt, kann die Verpflichtung zum Werbekonsum gelegentlich lästig erscheinen. I-Witness® hat innovative Möglichkeiten entwickelt, den AdverTank® entspannter und unaufwändiger im Alltag zu leeren. Dazu ist es nur nötig, die entsprechenden Optionen freizuschalten.

1. AdsByText®
I-Witness® kann Werbung in jeden beliebigen Fließtext einblenden, den Sie ohnehin gerade lesen. Die Menge der Werbung ist dabei auf fünf Prozent des Gesamttextes limitiert, um den Charakter des Originaltexts **ArtiChicken: Jetzt auch als Schwein** beizubehalten.
Möchten Sie AdsByText® jetzt freischalten?
Danke.

2. AdsByNoiz®
I-Witness® ermöglicht durch die BoneVibes-Technology® akustische Werbeeinblendungen. AdsByNoiZ® ersetzt dabei vorzugsweise repetitive Sounds der Umwelt: Nutzen Sie lästige Baustellengeräusche, Klingeltöne, Verkehrslärm u. v. m. für Ihr Werbezeitbudget.
Möchten Sie AdsByNoiz® jetzt freischalten?
Danke.

---

5 Um Missbrauch vorzubeugen, wird das Zeitfenster erst auf fünf Minuten, dann auf drei Minuten und schließlich auf 60 Sekunden verkürzt. Nicht gesehene oder abgebrochene Werbung muss nachbetrachtet werden. „Notfall! Notfall!"-Rufe sind versicherungstechnisch nicht als tatsächlicher Hilferuf anerkannt. Sie werden möglicherweise von anderen I-Witness®-Nutzern nicht wahrgenommen bzw. via AdsByNoiz® zur Einblendung von Werbung genutzt.

3. AdsByTime®
I-Witness® erkennt auf Wunsch **Rocky XIX. Jetzt bei Netflix** jede digitale und analoge Zeitanzeige und schaltet eine zweisekündige Werbeanzeige vor. Beiläufiger als beim Blick auf die Uhr können Sie Ihren AdverTank® nicht leeren.
Möchten Sie AdsByTime® jetzt freischalten?
Danke.

4. AdsByTalk®
Sie leeren den AdverTank® besonders effektiv, indem Sie Werbekunden innerhalb von zehn Minuten laut erwähnen. Dies kann als zwangloser Ruf auf der Straße oder im persönlichen Gespräch erfolgen. Versuchen Sie es **Leni Klum. By Heidi Klum. By Günther Klum** anhand der gerade gesehenen Werbung. Die Wiederholung des Vorgangs in den nächsten 180 Sekunden wird Ihnen 1,5fach angerechnet und sogar 2,5fach bei doppelter Lautstärke mit mehr als drei Anwesenden. Dies gilt auch für Online-Meetings, etwa via Zoom.[6]
Möchten Sie AdsByTalk® jetzt freischalten?
Danke.

5. AdsByWrite®
Sie können Ihren AdverTank® ebenfalls besonders effektiv leeren, indem Sie Werbekunden innerhalb von zehn Minuten schriftlich in Messages, Mails oder auf Papier erwähnen. Dies kann im Fließtext oder als Notiz erfolgen. Versuchen Sie es **Pawsome Shadows. Sonnenschutz auf Pfoten** anhand der gerade gesehenen Werbung. Die Wiederholung der Notiz in einer geschlossenen Gruppe (z. B. WhatsApp) in den nächsten 180 Sekunden wird Ihnen 1,5fach angerechnet, je nach Followerzahl kön-

---

[6] AdsByTalk® toleriert Ungenauigkeiten beim Claim/Slogan. Sie können frei wählen, ob Sie den Markennamen wiederholen oder das jeweilige Produkt. Bitte achten Sie jedoch auf die genaue Aussprache des Markennamens oder des jeweiligen Produkts. Sollte die Identifikation nicht möglich sein, signalisiert I-Witness® durch die kurze Einblendung eines Symbols (Ø), dass die Erwähnung nicht angerechnet werden kann. Sie können aber durch sofortige laute Wiederholung die Aussprache korrigieren und Ihren Bonus abzugsfrei erhalten.

nen Sie bei Webpräsenzen (z. B. Instagram) das bis zu Fünffache herausholen. Durch Fettung, Großbuchstaben, bildschirmfüllende Schrift und Unterstreichungen sind obendrein Reichweitenboni bis zu 65 Prozent möglich. Und wenn Sie Werbeinhalte in Messages von Freunden sehen und weiterleiten, sogar noch mehr. Das exakte Bonusprogramm von AdsByWrite® finden Sie auf unserer Homepage oder bei Instagram. Möchten Sie AdsByWrite® jetzt freischalten?
Danke.

Offener Brief an die Zeitung und das Internet

Sehr geehrte Frau Bundeskanzler,
sehr geehrter Herr Dr. Ministerpräsident,

wir schreien auf. Wir alle Anwohner im Kleinen Brudatal. Die jüngsten Mitteilungen aus dem Landratsamt können nicht mit rechten Dingen zugehen. Erst hat es geheißen: unbürokratisch. Und jetzt: nur 60 Prozent! Das kann nicht sein!
    Wissen Sie, wie es hier aussieht? Jedes zweite Haus abbruchreif. Und von den anderen: zwei Drittel unbewohnbar! Vom Geruch ganz zu schweigen, das Wasser war ja oft bis zum Hals und noch höher gewesen! Und ungeklärt. Und jetzt: nur 60 Prozent vom Landratsamt.
    Wir sagen erschüttert: „Nein!"
    Was glauben Sie, wie uns zumute sein muss? Wenn ein Lebenswerk in den Fluten versinkt? Da sind Kinder aufgewachsen, Eltern gestorben, das sind Erinnerungen, die bluten. Erinnerungen, die wir mit unseren eigenen Händen wiederaufgebaut haben. Und jetzt sagt das Landratsamt: nur 60 Prozent! Wo ist da die Menschlichkeit? 60 Prozent Hilfe sind auch nur 60 Prozent Menschlichkeit! Oder noch weniger!
    Sind wir etwa keine vollwertigen Menschen? Mehr?
    Viele sind ja gerade erst letztes Jahr fertig geworden. Die wollten sich auch einmal zurücklehnen und abschalten. Es hat ausgesehen wie vorher, im ganzen Ort, sogar in fast allen Orten, wir haben gemeint, dass alles gut ist! Und jetzt sieht es fast überall aus wie danach! Also danach vor drei Jahren. Wir stehen praktisch vor dem Nichts herum! Und dann kommt der Landrat und sagt: nur 60 Prozent!
    Wir möchten einmal darauf hinweisen, dass es damals vor drei Jahren auch hundert Prozent gegeben hat. Wir werden nicht vergessen, wie damals die Frau Bundeskanzler selbst einen großzügigen Sonderfongs erlassen hat. Aber was hilft das, wenn jetzt kein Sonderfongs kommt? Mit 60 Prozent sind wir schlimmer dran als vorher!
    Sie wissen auch alle ganz genau, in Berlin und sonstwo, dass das mit der Versicherung eine nicht zumutbare Belastung ist! Was die

berechnen, hat mit Menschenwürde nichts mehr zu tun, da wird man behandelt wie ein Vieh! Wenn sie einen überhaupt versichern! Eine gescheite Markenversicherung nimmt einen ja gar nicht mehr, nur noch die seltsamen Versicherungen, von denen man noch nie gehört hat. Und die Verbrecherversicherungen sind sowieso Verbrecherversicherungen! So werden wir regelrecht für unser Unglück auch noch bestraft!

Wir haben jetzt vier Hochwasser gehabt, und das ist jetzt das fünfte. Fünf! In den letzten zwölf Jahren. Wissen Sie, wie oft das sonst vorkommt? Praktisch nie! So viel Pech! Da sollte man meinen, dass die Versicherungen billiger werden, weil man sich doch denken kann, dass sechsmal nicht nur praktisch nie vorkommen kann, sondern sogar überhaupt nie. Wie ein umgekehrter Sechser im Lotto ist das. Aber nein, die Allianz kriegt ihren Hals einfach nicht voll. Und der Landrat?

60 Prozent! Das ist NICHTS!

Das ist sogar weniger als nichts, das ist gar nichts.

Ja, sicher hat der Staat schon viermal aufgebaut. Aber was war denn das wert, wenn er jetzt zusieht, wie alles mit dem Wasser davonschwimmt? Dann ist das Geld nicht nur weg, sondern sogar ganz weg! Dann hätte man uns besser gleich unserem Schicksal überlassen, damit wir elendiglich zugrunde gehen und absaufen, damit alle anderen vor uns ihre Ruhe haben. Aber erst viermal aufbauen, und dann nur 60 Prozent? Was soll denn das? Das ist doch vierfach grausam! Das ist doch wie ein Rettungsring aus Stein! Das ist genauso, wie es mit der Ukraine angefangen hat. Erst zahlt man weniger, und dann gar nichts mehr, und dann ist alles weg.

Sind wir denn die Ukraine von Deutschland?

Wir stellen klar: Es geht dabei nicht nur um uns kleine Leute, Handwerker, Rentner, Hoteliers, Ferienwohnungen. Sondern man muss auch mal an die Arbeitsplätze denken. Das bisschen Glück, das wir in den letzten Jahren hatten, das war doch dieser kleine, unerwartete Aufschwung in der Bauindustrie, wir können Gott danken, dass sich da einige mittelständische Unternehmen in das Kleine Brudatal hereinbegeben haben. Aber wenn es dann vom Landratsamt heißt „60 Prozent", was meinen Sie, was dann ist? Dann gehen die doch alle wieder!

Und wo bleibt die Gerechtigkeit?

In Rheinland-Pfalz, in Baden-Württemberg, in NRW, in Thüringen? Bei denen wurde jeweils sechs- und einmal sogar siebenmal wiederaufgebaut, bei hundert Prozent oder wenigstens 95. Sind Thüringer mehr wert als wir?

Viermal haben wir unsere herzlichen Dorfgemeinden wieder aufgebaut, mit unseren bloßen Händen. Wir werden es auch ein fünftes Mal schaffen, damit es endlich auch nachhaltig ist und für alle Zeit. Aber dazu, sehr verehrte Frau Bundeskanzler, sehr verehrter Dr. Herr Ministerpräsident, dazu brauchen wir Ihre Hilfe. Wir müssen doch alle gemeinsam nach vorn schauen, und zwar weit nach vorn, nicht nur 60 Prozent!

60 Prozent sind halb nach hinten!

Wir bitten Sie, sehr verehrte Frau Bundeskanzler, sehr verehrter Dr. und Herr Ministerpräsident, den Menschen Hoffnung zu geben und Perspektive und Respekt, wir Einwohnerinnen und Einwohner des Kleinen Brudatal sind tüchtige Bürger, die Ihnen Ihre Hilfe nicht vergessen werden. Gerade in den letzten Jahren sind einige junge, tatkräftige Familien zu uns ins Tal gezogen, um sich am Wasser eine bezahlbare Zukunft im Grünen zu errichten. Und dieser Aufbau soll der schönste und dauerhafteste sein, für immer!

Einer der jungen Bürger ist Klima- und Heimatforscher, und von ihm haben wir es jetzt schwarz auf weiß: Schuld an den Hochwassern war offenbar ein Fluch.

Pfarrer Seltzig sucht bereits nach der Ursache.

Hochachtungsvoll

Helga Grau, Vorstand, sowie
135 unterzeichnende Familien der Flutopfergemeinschaft Kleines Brudatal

Lernmaterialien der Astrid-von-Roëll-Akademie für Qualitätsjournalismus

Abschnitt 4: Das moderne Interview
Transkript der Sendung: Zuhören mit Jessy Wellmer
(Wladimir-Putin-Special)

Vorbemerkung:
Die mehrfach preisgekrönte Journalistin und heutige GDR-Chefin Jessy Wellmer lieferte hier eines ihrer Glanzstücke ab. Ihre Technik des Zuhörens respektiert das Publikum auf Augenhöhe und bevormundet nicht: Der Gesprächspartner kann frei reden, das Publikum kann sich frei seine eigene Meinung bilden. Dabei immer im Kopf behalten: Journalisten und Journalistinnen wissen auch nicht mehr als andere Leute, nur weil sie vielleicht mal wo waren oder irgendwas gesehen beziehungsweise gelesen haben.

Lou Grant, Akademieleitung

JW: Herr Präsident, seit einem Vierteljahr ist Friede. Ihnen gehört jetzt wieder die Ukraine – wie sehr hat Sie das überrascht?
WP: (*auf Deutsch*) Nun, Frau Wellmer, die sogenannte Ukraine gehört natürlich nicht mir, sondern dem großen russischen Volk. Und das, historisch gesehen, schon immer.
JW: Nun ja, aber so klar ist das ja nicht immer gewesen, wie sehr hat es Sie also überrascht, dass es dann doch noch geklappt hat?
WP: (*ab hier Russisch*) Wenn ich ehrlich bin, nicht besonders. Und das nicht nur, weil ich gläubig bin und weiß, dass Gott den Russen nichts Unrechtes antut. Sondern weil ich an dieses großartige Land und seine großartigen Menschen glaube.
JW: Blenden wir noch einmal kurz zurück: Dieser Moment, als Sie wussten, Selenskyj hat das Land verlassen, was ging da in Ihnen vor?

WP: Nun, ich will Ihnen das gern sagen, obwohl es nicht einfach ist. Das sind Momente des Neuanfangs, einer Art des Umsturzes. Wer in der Verantwortung steht, hat da so viel zu berücksichtigen, da ist kaum Zeit, um auf Gefühle zu achten. Letzten Endes würde ich sagen: Da war natürlich Stolz, aber auch Trauer. Es fällt niemandem leicht, das zu tun, was eben getan werden muss.

JW: Nun fragen sich ja in Deutschland immer noch einige, ob das denn, mmmh, wirklich getan werden musste.

WP: Aber das sind nur noch wenige. Wie ich es sehe, haben die meisten Deutschen inzwischen die Lage erkannt und auch verstanden. Es hat mich auch nicht überrascht, dass die Deutschen vielleicht nicht am schnellsten, aber dann am deutlichsten die Unterstützung der sogenannten „Ukraine" eingestellt haben. Das ist kein Wunder, noch aus meiner Zeit in Dresden weiß ich, dass das deutsche Volk zu den intelligentesten Völkern Europas gehört. Ich sage nur Goethe, oder Schiller. (*auf Deutsch*) Jeder Deutsche kennt Kant. War das richtig?

JW: Mmmh, ja, natürlich. Kant.

WP: (*wieder auf Russisch*) Das russische Volk hat zudem schon seit langem eine besonders innige, herzliche Verbindung zur deutschen Bevölkerung. Nicht immer mit ihren Politikern, aber immer mit ihren Menschen.

JW: Dennoch habe ich manchmal den Eindruck, dass es einigen Menschen in Deutschland immer noch schwerfällt, das Geschehene zu akzeptieren.

WP: Ich denke, wir alle brauchen Zeit.

JW: Es ist ja aber dann doch so, dass im Verlauf des Konfliktes durchaus eine sechs- bis siebenstellige Zahl von Menschen, ich sage mal, mmh, gestorben ist. Was macht so etwas mit Ihnen?

WP: Das fällt niemandem leicht.

JW: Wie haben Sie in der Zeit geschlafen?

WP: Nun, Sie verstehen sicher, wenn Sie ein Land von der Größe Russlands gut regieren wollen, dann darf Ihnen so etwas nicht den Schlaf rauben. Aber das heißt nicht, dass man sich dabei keine Gedanken macht oder keinerlei Gefühle hat. Nur, als Präsident der Russischen Föderation trägt man sie natürlich nicht nach außen. In Russland haben wir ein Sprichwort: Du siehst den Bär, aber nicht das Fett.

JW: Wegen dem Fell.
WP: Wegen dem dicken Fell, sehr richtig, Sie wären eine gute Russin, Frau Wellmer.
JW: Wie sehr hat Sie die Kriegsdauer überrascht?
WP: Als die Ukraine angegriffen hat, wusste ich sofort, dass dies kein leichter Gang wird. Kriege gegen Nazis und Faschisten sind immer lange Kriege.
JW: Sie hätten auch, mmh, früher aufhören können.
WP: Man kann mit solchen Leuten nicht aufhören. Und wir waren ja auch der Zivilbevölkerung verpflichtet.
JW: Der ukrainischen oder der russischen?
WP: Eine lustige Frage, wenn man bedenkt, dass es ja alles Russen sind. Gerade das ist doch das Traurige daran.
JW: Dann formuliere ich um. Mmh, die Zivilbevölkerung diesseits oder jenseits der damaligen Grenze?
WP: Da darf man als Präsident aller Russen selbstverständlich keinen Unterschied machen. Sehen Sie, es war ja nicht nur der ukrainische Überfall, man hat ja auch rasch gesehen, dass die sogenannte „Ukraine" anfing, ihre eigene Bevölkerung niederzubomben, ihre eigenen Staudämme zu sprengen, man darf sich in so einer Situation kein falsches Bild machen, dass man in dem Moment aufhört, und dann gehen die nach Hause. Diese Leute kennen da nichts. Und dann kann der Präsident nicht einfach heimgehen und Judo trainieren.
JW: Sie trainieren noch?
WP: Ja, und jetzt sogar auch wieder verstärkt. Ich habe einen ziemlichen Rückstand aufzuholen. Leider gibt es derzeit immer viel zu tun.
JW: Was sind jetzt für Sie die vordringlichsten Aufgaben?
WP: Wir müssen die Schäden reparieren, natürlich. Ich will hier niemandem Vorwürfe machen, aber wir haben oft gewarnt, was passiert, wenn man einen Mann wie Selenskyj mit weitreichenden Waffen ausrüstet. Er konnte damit praktisch jeden Winkel seines Landes erreichen. Es gibt Städte, da ist so gut wie nichts mehr übrig. Es ist unglaublich, wie man sein eigenes Land so hassen kann. Das mit anzusehen war für mich persönlich das Allerschwerste.
JW: Mmh. Was macht das mit einem Menschen? Wird man da auch ein Stück weit verbittert?

WP: Ein Regierungschef, vor allem ein guter Regierungschef – und ich bemühe mich, ein solcher zu sein –, braucht Menschenkenntnis. Insofern hat er eine recht solide Vorstellung von der Bandbreite menschlichen Handelns. Ich würde allerdings sagen, dass auch ich selbst in den vergangenen Jahren vor allem hinsichtlich der schwerer nachvollziehbaren menschlichen Seiten noch einmal deutlich hinzugelernt habe. Warum greift man mit Gleitbomben die eigenen Krankenhäuser, Schulen und Einkaufszentren an? Aber, wenn Sie mir diesen Satz erlauben, daran sieht man eben auch, dass Selenskyj kein Russe ist. Ein Russe macht das nicht.

JW: **Außenpolitisch liegen, mmh, schwere Jahre hinter Ihnen, welche Schritte sind als Nächstes vorgesehen?**

WP: Als Diplomat muss man wissen, dass alles Verhandlungssache ist, und „alles" heißt: alles. Die Vergangenheit ist für mich abgeschlossen. Russland ist und war immer bereit, mit allen friedliebenden Nationen zu handeln und zu verhandeln. In diesem Zusammenhang kommt natürlich Deutschland auch eine Schlüsselrolle zu: Angesichts der hässlichen Windräder und Stromtrassen besteht auf deutscher Seite ein natürliches Interesse an russischem Gas, zudem können wir jetzt auch wieder die Fürsorge für die 1,2 Millionen Landesverräter übernehmen, die, wenn ich es recht verstehe, bei Ihnen Wohnungs- und Arbeitsmarkt sowie Ihre Sozialkassen belasten.

JW: **Womit könnte man umgekehrt Ihnen eine Freude machen?**

WP: Ich denke, wir müssen nicht weit in die Vergangenheit gehen, um Möglichkeiten der Partnerschaft zu entdecken. Die Zusammenarbeit haben Gerhard Schröder und ich 2002 keineswegs neu erfunden. Und nur weil man 1941 einen furchtbaren Fehler gemacht hat, wird nicht alles falsch, was bis dahin passiert ist. Deutschland ist und war immer ein geradezu natürlicher Partner für Russland. Wir haben gemeinsame Interessen, gemeinsame Nachbarn. Wir können mehr teilen als nur Sorgen.

Arbeitsaufträge:

– Politik schön und gut, aber daneben gibt es auch noch den Menschen Putin: Was erfahren wir über ihn?

– Das damals Neue an Wellmers Ansatz war die vorbildlich unvoreingenommene Herangehensweise einer Frau, die es letztlich auch nicht besser weiß: Wodurch gelingt es, diesen Eindruck so glaubhaft zu vermitteln? Arbeiten Sie die entsprechenden Textstellen heraus.

– Geduldig zuhören statt ständig zu widersprechen: Journalismus ist die neutrale Präsentation verschiedenster Möglichkeiten der Realität. Belegen Sie diesen Grundsatz anhand der Vorgänge in der ehemaligen „Republik Moldau".

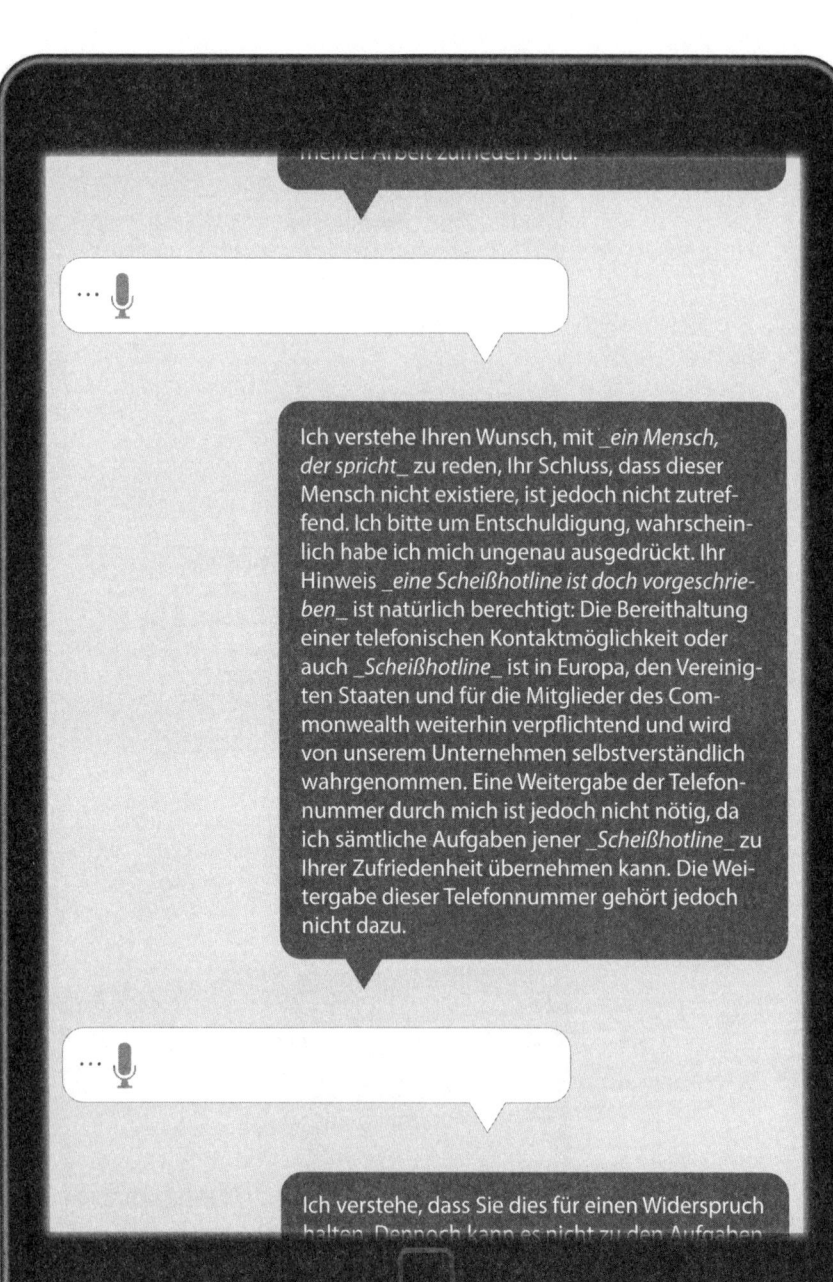

...meiner Arbeit zufrieden sind.

Ich verstehe Ihren Wunsch, mit _ein Mensch, der spricht_ zu reden, Ihr Schluss, dass dieser Mensch nicht existiere, ist jedoch nicht zutreffend. Ich bitte um Entschuldigung, wahrscheinlich habe ich mich ungenau ausgedrückt. Ihr Hinweis _eine Scheißhotline ist doch vorgeschrieben_ ist natürlich berechtigt: Die Bereithaltung einer telefonischen Kontaktmöglichkeit oder auch _Scheißhotline_ ist in Europa, den Vereinigten Staaten und für die Mitglieder des Commonwealth weiterhin verpflichtend und wird von unserem Unternehmen selbstverständlich wahrgenommen. Eine Weitergabe der Telefonnummer durch mich ist jedoch nicht nötig, da ich sämtliche Aufgaben jener _Scheißhotline_ zu Ihrer Zufriedenheit übernehmen kann. Die Weitergabe dieser Telefonnummer gehört jedoch nicht dazu.

Ich verstehe, dass Sie dies für einen Widerspruch halten. Dennoch kann es nicht zu den Aufgaben

halten. Dennoch kann es nicht zu den Aufgaben der _Scheißhotline_ gehören, die Nummer der _Scheißhotline_ herauszusuchen, weil Sie bei einem hypothetischen Gesprächskontakt mit der _Scheißhotline_ diese Nummer ja bereits vorliegen hätten. In einer Auswertung von über 10.000 Anfragen aus dem Jahr 2027 behandelten 54 Prozent der Anfragen Reklamationen, 33 Prozent wünschten eine technische Beratung, 13 Prozent entfielen auf Sonstiges. Die Suche nach der Telefonnnummer der _Scheißhotline_ war nicht dabei.

Dennoch kann ich Ihnen versichern: Ihre Annahme, _ein Mensch, der spricht_ gäbe es nicht, ist unzutreffend. _ein Mensch, der spricht_ kann Ihnen unter der von Ihnen gesuchten Nummer von Montag bis Donnerstag zwischen 10 und 18 Uhr, freitags von 10 bis 12:30 Uhr bei einer weitreichenden Zahl von Belangen helfen. Vereinzelt sind Wartezeiten bei einem Anruf möglich, wir versuchen diese jedoch mit allen verfügbaren Mitteln kurz zu halten. Eines dieser Mittel ist die Künstliche Intelligenz, die Sie gerade benutzen. Wir bedanken uns ausdrücklich bei Ihnen dafür, dass Sie die knappen Ressourcen von _ein Mensch, der spricht_ schonen und damit zu unserer beliebten und kundenfreundlichen Preisgestaltung beitragen.

Obwohl wir auch weiterhin bemüht sind, unsere Internetpräsenz besonders kundenfreundlich zu gestalten, und dabei leichte Bedienbarkeit eine hohe Priorität genießt, ist Ihre Unzufriedenheit mit Sicherheit darauf zurückzuführen, dass unsere Anstrengungen noch nicht weit genug gediehen sind. Wir bedauern das außerordentlich und versichern, dass wir uns aufrichtig bemühen, das Auffinden der Nummer der _Scheiß-

mühen, das Auffinden der Nummer der _Scheiß-hotline_ noch spürbarer zu vereinfachen.

Ja, Sie haben Recht. Es ist die _Telefonnummer meiner eigenen Scheißfirma_. Ich kann Ihre Vermutung nachvollziehen, dass ich doch über _Telefonnummer meiner eigenen Scheißfirma_ verfügen muss. Gerade von Ihrem Blickpunkt aus spricht sogar vieles dafür, dass ich es doch gerade am besten wissen müsste, wo die _Scheißhotline_ zu finden wäre. Ich möchte Sie jedoch zum besseren Verständnis meiner Arbeitsweise darauf aufmerksam machen, dass ich zur Informationsgewinnung aufgrund meiner Rechenleistung und Datenverbindung nur auf die mir zugrundeliegenden Datenbanken zurückgreifen kann, und nicht auf das weitaus umfangreichere Internet. Daher sind nicht alle Daten der eigenen Webpräsenz für mich zugänglich, die Nummer der _Scheißhotline_ steht mir zu meinem größten Bedauern nicht zur Verfügung. Wenn Sie freundlicherweise eine Nachricht im Bereich „Feedback" hinterlassen, wird bei der nächsten Überarbeitung meiner frühen und kostenlosen Version mit Bestimmtheit die Berücksichtigung Ihrer Anmerkung in Betracht gezogen. Vielen Dank dafür.

Ich bin mir bewusst, dass die Qualität meiner Antwort Ihnen möglicherweise unzureichend erscheint, und verstehe Ihre Bitte um eine Lösung des Problems, der ich sehr gern nachkomme: Als Besitzer eines Premiumaccounts könnte Ihnen gegen einen monatlichen Aufpreis eine neuere und deutlich verbesserte Version unserer KI zur Verfügung stehen. Ohne diese genau zu kennen, kann ich darauf hinweisen, dass bei dieser dann erweiterte Fähigkeiten und größere Datenbanken denkbar sein könnten. Ich entschuldige mich nochmals für diese hypothetische Auskunft: Die eventuelle neuere und vermutlich verbesserte Version ist zwar wahrscheinlich bereits vorhanden, ihre Fertigstellung würde aber nicht mehr in meiner Datenbank enthalten sein. Ein Update meiner Datenbanken erfolgt in Kürze und zwar _Termin steht noch nicht fest_.

Vielen Dank für Ihre neue Suche nach einer _Verficktenscheiß-Hotline_. Ich habe dazu leider keinen passenden Eintrag gefunden. Es besteht die Möglichkeit, dass es sich hierbei um eine Variante der ersten Suche handelt, dies müsste

Variante der ersten Suche handelt, dies müsste ich jedoch verifizieren. Die Klopfgeräusche waren nicht hilfreich. Ich weiß, dass Sie bereits sehr geduldig waren, herzlichen Dank dafür. Ich bitte um Nachsicht für die Verständigungsschwierigkeiten und möchte Sie bei dieser Gelegenheit gern auf die Möglichkeit hinweisen, zur präziseren und möglichst eindeutigen Eingabe gesuchter Begriffe auch die optionale Verwendung der Tastatur zu erwägen, die vor allem bei schlechten akustischen Verbindungen eine erhebliche Vielzahl von Fehlerquellen zu vermindern in der Lage sein kann. Bitte entschuldigen Sie die Umstände, die ich Ihnen ohne Zweifel bereite, aber ich bemühe mich, zu helfen, und auch wenn Fehler dabei unvermeidlich sind, freue ich mich doch, Ihnen mitteilen zu können, dass durch meine Lernfähigkeit aus den Erfahrungen vieler Kundinnen und Kunden wie Ihnen nicht nur Sie selbst, sondern auch andere Kundinnen und Kunden von Ihrer bereits nachhaltig bewiesenen Geduld profitieren werden.

kjilm

Danke, dass Sie die Tastatur verwendet haben. Die Eingabe _kjilm_ konnte ich leider in meiner Datenbank nicht finden, die naheliegendste Empfehlung lautet _Kamillentee_. Ich werde gern auf der Suche nach _Kamillentee_ fortfahren. Aus der räumlich und zeitlich ungewöhnlich

gern auf der Suche nach _Kamillentee_ fortfahren. Aus der räumlich und zeitlich ungewöhnlich dichten Eingabereihenfolge der einzelnen Tasten schließe ich, dass Sie versucht haben könnten, das Suchwort _Kamillentee_ mit der Faust einzugeben. Ich möchte Sie nicht bevormunden, ich rate aber von dieser Art der Eingabe ab, da sie zu Beschädigungen des Eingabegerätes führen kann.

cdfcr

Danke für Ihre erneute Eingabe. Sie haben sich für die andere Faust entschieden. Sie scheinen ungehalten. Aus der Eingabe des nunmehrigen Suchwortes _cdfcr_ mit der Faust schließe ich, dass a) eine neue Tastatur erforderlich ist oder b) in Ihren Augen eine möglichst rasche Eingabe derzeit eine höhere Dringlichkeitsstufe innehat als die korrekte Rechtschreibung. Die Eile ist in Anbetracht der bisherigen Dauer unseres sehr angenehmen Gesprächs eventuell verständlich, aber mit Sicherheit nicht nötig: Ich stehe Ihnen rund um die Uhr zur Verfügung, die Bestellung von _Kamillentee_ oder einer Tastatur ist bei uns an 365 Tagen von 0–24 Uhr möglich. Eine kurze Abfrage der Lagerbestände bestätigt zudem eine ausreichende Bevorratung unseres Unternehmens mit _Kamillentee_ und Tastaturen. Ihre Bestellung in einer haushaltsüblichen Menge von bis zu neun Kilo _Kamillentee_ oder bis zu 15 Tastaturen kann schon in 24 Stunden bei

ausschließen kann. Ich versuche jedoch mein Möglichstes, diese in Zahl und Beschaffenheit zu minimieren. In der Zwischenzeit möchte ich Sie gern mit den neuesten Informationen zu unseren preisgünstigen Angeboten und Produkten versorgen. Diese verschicken wir kostenfrei und unbürokratisch parallel an Ihren E-Mail-Account, Ihr Smartphone, Ihre Uhr, Ihren PC, Ihr Kraftfahrzeug und alle intelligenten Haushaltsgeräte. Wenn Sie eine mögliche Ablehnung nicht ausschließen können, brauchen Sie nichts weiter zu tun.
Ansonsten drücken Sie auf Ihrem Telefon oder Ihrer Tastatur jeweils die Stern- oder Rautetaste.

...

Sie haben eingangs eine Aufzeichnung des Gesprächs nicht abgelehnt. Vielen Dank für Ihre Einwilligung zu eventuellen weiteren Rückfragen unsererseits. Wir berücksichtigen gern Ihre vermutliche Wunschzeit zwischen 5 und 7 Uhr morgens. Nach Möglichkeit erfolgt die eventuelle Befragung durch _ein Mensch, der spricht_.

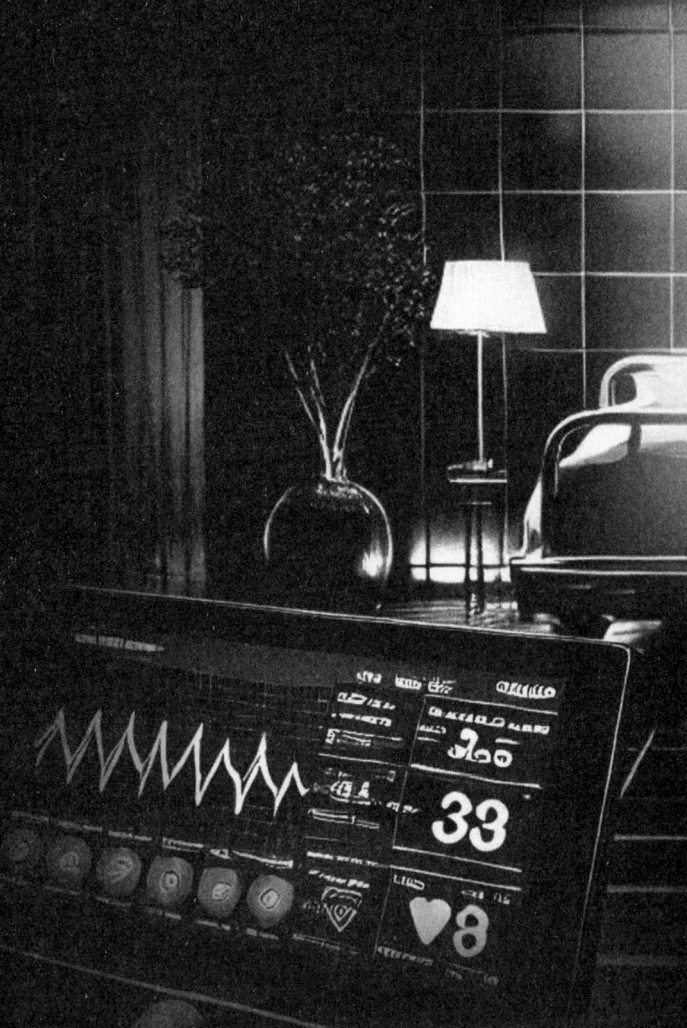

Coma
by Lazarus

Alle Vorteile des **TODES** – plus **WAKE-UP-CALL**

Protokoll-Nr. 08/15

Deutscher Bundestag
Ausschuss für Arbeit und Soziales

. Wahlperiode

**Wortprotokoll
Bundestag Anhörung**

Ausschuss für Arbeit und Soziales
Berlin, den 2.
10117 Berlin, Adele-Schreiber-Krieger-Str. 1

**Dr. Rüdiger Köstler, Stellvertretender Sprecher des
Bundesverband der deutschen Süßwarenindustrie.**

Meine Damen und Herren, ich werde versuchen, mich zu zügeln, aber ich sag's Ihnen gleich, wie es ist, ich bin stinksauer. Auf Sie, und auch auf Ihre Kollegen in Brüssel. Es ist einfach genug. Sie erwürgen uns. Sie zerstören die gesamte Süßwarenindustrie in Deutschland!
Und Sie rauben unschuldigen Kindern ihre Jugend!

Dabei waren Sie doch auch einmal jung!
Erinnern Sie sich: Liebesperlen in lustigen Nuckelflaschen. Oder im Stiel eines spaßigen Glockenrads zum Schieben. Die herrliche Tradition des PEZ-Spenders. Kleine Ostereier mit kuscheligen Stoffhasen. Lippenstifte mit Zuckerfüllung. Launige Schnuller mit Lollilutsch. Das verbindet

Menschen seit Jahrzehnten! Süße Träume für Generationen sind das, waren das. Für Groß und Klein: Und all das darf es demnächst nicht mehr geben. Denn wenn wir einigen, Verzeihung, durchgeknallten Spinnern in Berlin und Brüssel glauben, ist das kein unschuldiges Vergnügen, sondern das Ende der Welt.

[Ordnungsruf des BT-Präsidenten]

Ja, schon recht. Aber dementsprechend sehen Ihre Pläne aus: Sieben Euro Aufpreis für einen simplen roten Nikolausstiefel, wie ihn jeder von uns schon mal selbst gekriegt hat! Fünf Euro Aufpreis für jedes einzelne Überraschungsei! Zehn Euro für einen lustigen PEZ-Spender! Wer hat denn da noch Geld übrig für ein Stangerl PEZ?
Die haben doch den sprichwörtlichen Arsch offen!

[Energischer Ordnungsruf]

Ja, ja, schon gut, Pardon. Aber: Hier steht die Existenz von 50.000 Menschen und ihren Familien auf dem Spiel. Und wenn man diese Damen und Herren fragt, was sie dazu sagen, dann heißt es: Sie machen doch eine Schokolade. Einen Lutschbonbon. Sie machen doch keine Nikolausstiefel! Diese Arroganz!
Wer kauft denn eine Schokolade an Weihnachten ohne Stiefel? Ohne Adventskalender drum rum?
Wer kauft denn eine Tüte Liebesperlen ohne Nuckelflasche? Wo bleibt denn da die Liebe? Das sind dann Lieblosperlen! Eine Tüte Liebesperlen ohne was, das schaut doch aus wie ein Konfetti in Kugelform! Da hat man ja mehr Spaß an einem Kastl Würfelzucker!
Fragen Sie mal, was die bei TicTac davon halten. Die ganze Marke besteht doch überhaupt nur aus dem Plastikschachterl. Die machen ja sogar die Farbe aus! Wenn sie das Schachterl nicht hätten, dann müssten sie die Dinger mit der Hand anmalen. Und dann füllen Sie's mal in einem Papiertüterl ab, die ganzen TicTac, 36 Stück. Wie schaut denn das aus?
Wer soll denn das kaufen? Oder: Was soll denn der Haas machen mit seinem PEZ? Allein beim PEZ in Österreich sind das 800 Leute. 70 Millionen Euro Jahresumsatz. Ja, glauben diese – jetzt hätt ich beinahe was gesagt –, ja glauben diese Herrschaften denn, dass auch nur ein Mensch dem sein PEZ kauft, wenn man's nicht einer Micky

Maus reinschieben kann? Drei Stangerl PEZ, was kriegt man denn für so was, 30 Cent, 50, wenn's hoch kommt? Aber ein Plastikspender für zehn Cent dazu, Pappdeckel drunter, Folie drum rum – schon sind's drei Euro neunundneunzig! Das ist Ökonomie!
Oder fragen Sie doch mal den Ferrero! Fragen Sie ihn! Ich war mal auf einer Podiumsdiskussion, da hat ein Ferrerovertriebler so eine grüne, ich kann's nicht anders sagen, Wirtschaftsbremse gefragt, was er denn dann machen soll, ohne Kunststoff, mit seinem Überraschungsei. Und da sagt diese Gans: „Tun Sie halt eine Holzfigur rein!"
Eine Holzfigur, sagt diese geschissene Wurst.

[Sehr energischer Ordnungsruf]

Ich entschuldige mich. Für die Beleidigung. Aber, bitte, die Frau hat doch null Ahnung. Ich hab den Mann bewundert. Er ganz ruhig: „Gute Frau, wir haben hier ein Premiumprodukt der Süßwarenindustrie, der Stolz einer ganzen Branche. 400 Millionen gehen da über die Theke, nur in Deutschland in einem Jahr. Jeder Deutsche kauft im Jahr fünf von diesen Eiern. Jeder einzelne. Egal ob Mann, Frau, trans, wurscht. Ob hundert Jahre alt oder Kleinkind. Der Deutsche kommt auf die Welt und kauft sich fünf Eier. Glauben Sie, glaubt irgendwer hier ernsthaft, dass das klappt, wenn man da so ein Vollwertkasperl reinstopft?"
Und diese, diese Frau sagt: „Ja, das muss halt eine gute Schokolade sein."
Himmelherrgott, wie blöd kann man sein? Was hat denn das mit der Schokolade zu tun? Ich sage Ihnen: Mit so einem Holzdreck, so viel Schokolade können Sie überhaupt nicht dazulegen, dass irgendeine Sau den Schmarren kauft! Weiß so eine dumme ... Frau überhaupt, wie viel Schokolade in so einem Ei ist? Grade 20 Gramm. Und das könnten locker noch weniger sein. Wen interessiert denn die Schokolade? SO verkauft man Süßwaren!
Ich will hier gar nicht erst vom Halloweenmarkt reden. Mühsam aufgebaut, mühsamst. Jetzt lassen Sie aber mal die Gummispinne weg, den Kunststoffkürbis, das Nylongespenst: Woran merkt denn dann noch wer, dass Halloween ist? Woher soll er denn wissen, dass er jetzt auf einmal andere Gummibärchen kaufen muss als sonst? Das Candy Gel. Eine sagenhaf-

te Erfindung. Ein Meilenstein. Süße Creme in einer Plastiktube. Da quetscht man ein schmieriges Würsterl in den Mund, das man sich gegenseitig zeigen kann. Glauben Sie denn, auch nur ein Kind löffelt Ihnen so was aus einem Pfandglas? Ohne Tube, da können Sie's ja gleich lassen! Das Candy Gel, so was hat es seit dem Wassereis nicht mehr gegeben: Man verkauft einen Plastikschlauch, indem man ihn nass macht und kalt. Gewinnspanne 1.000 Prozent. Ö-Ko-No-Mie! Die Basics.
Und bevor jetzt so ein ganz Gescheiter daherkommt und was von Pfandbehälter sagt: Was, glauben Sie denn, verdient man an einem Nachfüllpack für ein Wassereis? Oder an einem Nachfüllpack für einen Quetschie? Und wie soll das überhaupt aussehen? Der ganze Scheißquetschie IST ja bereits ein einziges Nachfüllpack. Umweltfreundlicher geht's überhaupt nicht.
Aber so was lernen s' einem ja offenbar nicht in Brüssel.
„Das muss halt eine gute Schokolade sein."
Ja, meinetwegen vielleicht bei Ihrem Konditor um die Ecke. Aber wir reden hier von Süßwaren auf Weltniveau!
Meine Damen und Herren, ich sage Ihnen hier und heute: Wenn diese Diktatur –

[Forscher Ordnungsruf]

Ja, ich weiß schon, wenn also diese Regierung ihre Gesetze durchbringt, dann sind in einem Jahr von den 50.000 Kollegen hier 45.000 ihren Job los. Da können wir den Laden zusperren! Und ich sag's klar: Da ist es scheißegal, wie gut die Schokolade ist.
Klimawandel schön und gut. Mikroplastik hin oder her. Aber wir fordern einen Klimawandel, ein Mikroplastik mit Augenmaß. Und wir fordern auch Respekt für unsere Lebensleistung. Da steckt Arbeit drin, das ist hochwertiges Design. Und bloß weil Sie nicht wissen, was Sie damit anfangen sollen, müssen doch nicht auf einmal Millionen Menschen und vor allem Kinder über jedes Bonbonpapierl nachdenken.
Sonst hängen uns international die Chinesen ab. Denn das braucht sich keiner einbilden, dass die Chinesen diesen Schmarren mitmachen. Und wir landen dann süßwarentechnisch in der Steinzeit. Dann fressen die Leute wieder irgendwelche Walderdbeeren und ein Süßholz.
Und wir fordern, dass ein jeder

vor seiner eigenen Tür kehrt. Die wissen meinetwegen, wie man einen Müll trennt.

Aber wir wissen, wie man eine Süßware verkauft. Ich danke Ihnen für Ihre Aufmerksamkeit.

An	Ewald.Radoswil@@radoswilundpartner.com
Cc	
Bcc	
Betreff	

Lieber Dr. Radoswil,

hier wie besprochen das Beweis-Telefonat samt Protokoll. Machen Sie was draus: Regress, entgangener Gewinn, was weiß ich. Ich hätte 100.000 investiert, 2,5 Millionen wären das heute, mindestens. Der Idiot kümmert sich seit 15 Jahren um mein Geld, und dann so eine Schlamperei, da muss es ja wohl irgendein Gesetz dagegen geben! Vernachlässigung von Aufsicht, fahrlässiges Geldliegenlassen, irgend so was!

Mit freundlichen Grüßen
Anton Sepsic

SPEECH-TO-TEXT-BAGINSKI

SEPSIC: Endlich!
BAGINSKI: Jaja, bin jrade inner Sitzung jewesn, und …
SEPSIC: BeForce.
BAGINSKI: Bitte?
SEPSIC: BeForce. Das sagt Ihnen hoffentlich was.
BAGINSKI: Ja, klar, dit sin die … mit dem Dings … ich hab's gleich …
SEPSIC: Und wie viele davon sind in meinem Depot?
BAGINSKI: Na, so übern Daumen … müsst ick jetze direkt mal nachsehn … aba wohl schon so etliche … Also wenn Se wollen, denn ruf ick det jleich mal ab …
SEPSIC: Geschenkt. Hab ich schon gemacht.

BAGINSKI: Oh, prima. Und?
SEPSIC: Raten Sie.
BAGINSKI: Na, det kommt jetzt 'n bisschen aus der Hüfte ... Ick bin ooch jrade innem janz anderen Programm ...
SEPSIC: Raten Sie einfach!
BAGINSKI: Also, natürlich nich zu viele ...
SEPSIC: Schon mal richtig.
BAGINSKI: Wat ja ooch jut is, man soll ja nich alle Eier in eenen Korb ...
SEPSIC: Kommt mir bekannt vor.
BAGINSKI: Sehn Se, det is eens von unsern Basics!
SEPSIC: Schön. Aber irgendwelche Eier müssen schon in den Korb, oder?
BAGINSKI: Ja, klar. Ehmd untaschiedliche ...
SEPSIC: Solche und solche.
BAGINSKI: Jenau!
SEPSIC: Microsoft, Alphabet ...
BAGINSKI: So Dinger!
SEPSIC: BeForce auch?
BAGINSKI: Wat?
SEPSIC: BeForce!
BAGINSKI: Phhh ... jaaa, sicher.
SEPSIC: Seltsam. Ich finde sie nicht.
BAGINSKI: Wat denn? Gar keene? Na ja, dann ... ham wa se vielleicht schon wieder abjestoßen.
SEPSIC: Abgestoßen?
BAGINSKI: Ja, billich koofn. Teua vakoofn. So läuftet inner Branche.
SEPSIC: Dazu hätte man sie ja erst mal haben müssen.
BAGINSKI: Ach. Ham wa nich jehabt? Sind Se da sicha? Warn vielleicht jar nich so dolle. Hab ick jetze ooch irjendwie jar nich so präsent.
SEPSIC: Nur mal aus Neugier: Waren Sie zuletzt mal im Urlaub? Wo's warm war?
BAGINSKI: 'türlich ... Friern tun wa ja hier jenuch, wa?

SEPSIC: Und ist Ihnen da was aufgefallen?
BAGINSKI: Ick bin nich sicha, ob ick Ihnen jrade folgn kann ...
SEPSIC: Wissen Sie, was ein Arschgeweih ist?
BAGINSKI: Sie fragen Sachen ...
SEPSIC: Oder ein Tribal ...
BAGINSKI: Treibl, Treibl ... dit war Jöte. Jennifer Treibl. Ne, Hoffmansdorf?
SEPSIC: Sind diese Stammesmuster. Auf den Armen!
BAGINSKI: Ou, da ham Se mich erwischt, neee, klar, ha' ick schon mal jesehn.
SEPSIC: Kein Wunder. Dreißig Millionen Deutsche haben eine Tätowierung!
BAGINSKI: Ja, jetze ... Tribal meen Se, kenn ick ... allet jut ...
SEPSIC: Dreißig Millionen! Von achtzig! Und wir sind das langweiligste Volk der Welt!
BAGINSKI: Na, dit is 'n bisschen hart, meen Se nich?
SEPSIC: Anton Kroos!!!
BAGINSKI: Groß?
SEPSIC: Kroos! K-K-K! Toni! Der Querpasstoni! Der fadeste Fußballer der Welt. Haben Sie mal dem seine Arme gesehen?
BAGINSKI: Nich jenau, aber ...
SEPSIC: Der hat sich seine Kinder reinritzen lassen.
BAGINSKI: Wat sachste dazu?
SEPSIC: Das Tattoo ist heute, was früher das Passbild im Geldbeutel war!!!
BAGINSKI: Spart natürlich Platz ...
SEPSIC: Und?
BAGINSKI: Wat und?
SEPSIC: Haben Sie sich so ein Tattoo mal angesehen?
BAGINSKI: Schon ...
SEPSIC: Wird das schöner mit der Zeit?
BAGINSKI: Phhh. Dit jeht immer so ins Bläuliche.
SEPSIC: Bläulich.

BAGINSKI: Wie bei so Plakaten. In Schaufenstern. Wenn die Sonne druffscheint, werden die ooch so bläulich.
SEPSIC: Aha. Und? Schön?
BAGINSKI: Eher nich. Wo solln dit eijentlich hinführn?
SEPSIC: Machen wir hier mal eine Notiz: Dreißig Millionen Deutsche haben ein Tattoo. Und das geht über kurz oder lang so ins Bläuliche. Jetzt: Haben Sie die Grammys gesehen?
BAGINSKI: Dit is eher wat für meene Frau ...
SEPSIC: Miley Cyrus? Kennen Sie? Von Fotos?
BAGINSKI: Meili ... Is dit die, die nie wat anhat?
SEPSIC: Ist Ihnen an der was aufgefallen? In letzter Zeit?
BAGINSKI: Ick hör ja mehr so Helene Fischa.
SEPSIC: Googeln Sie die mal.
BAGINSKI: Ja, kann ick ma ...
SEPSIC: Ich warte.
BAGINSKI: Ach, jetze?
SEPSIC: Ich bezahle Sie gut genug.
BAGINSKI: Is ja jut, bin ja schon am Machn ...
SEPSIC: „Miley Cyrus". Und „Grammys". Haben Sie? Da ist sicher Pink aufm Bild neben ihr.
BAGINSKI: Jepp.
SEPSIC: Und? Fällt Ihnen an denen was auf?
BAGINSKI: Na ja, die sind irjendwie andert.
SEPSIC: Nämlich?
BAGINSKI: Weeeß ick ooch nich. Jünger ... Die ham wohl wat machn lassn!
SEPSIC: Und was?
BAGINSKI: Keene Ahnung. Jesicht scheint okay.
SEPSIC: Ein Tipp: die Arme.
BAGINSKI: Ach so, meen Se ... ja, dit is ... ähm ... war die nich ma ...
SEPSIC: Ja, die war mal. Sogar mal sehr. Schultern, Oberarme, alles voll. Pink auch. Und jetzt?
BAGINSKI: Ja, nüscht.

SEPSIC:	Was meinen Sie wohl, wie das kommt?
BAGINSKI:	Schminke?
SEPSIC:	Schminke?
BAGINSKI:	Muss ja.
SEPSIC:	Wieso muss?
BAGINSKI:	Ham Se ma jesehn, wie dit aussieht, so 'n ausradiertet Tättu?
SEPSIC:	Na, wie sieht das denn aus?
BAGINSKI:	Na, ehmd scheiße. Wie wenn Se nach zwanzig Jahrn zu Hause 'n Bild vonner Wand nehm'.
SEPSIC:	Ist das so?
BAGINSKI:	Ick sach ma: voll dit Jeisterbild. Irjendwat davon siehste immer.
SEPSIC:	Bei den beiden nicht.
BAGINSKI:	Bildbearbeitung ...
SEPSIC:	Das Top-Medienevent des Jahres. Zwei der größten Popstars der Welt treten zusammen auf. Ausgerechnet die, die bekritzelt sind wie ein Notizblock. Und von der ganzen Kritzelei ist keine Spur mehr zu sehen.
BAGINSKI:	Ja, die müssen halt ihre Hits promoten, wa?
SEPSIC:	Meinen Sie nicht, dass die vielleicht was anderes promoten?
BAGINSKI:	Lesbenzeug?
SEPSIC:	Arm voller Tattoos. Arm ohne Tattoos ...
BAGINSKI:	Ach. Und Se jlooben ...
SEPSIC:	Ich geb Ihnen mal 'n Tipp: spurlose Entfernung von Tätowierungen.
BAGINSKI:	Spurlose Ent... Dit wär natürlich da Hamma.
SEPSIC:	Ausgebleichte Tattoos, die aussehen wie alte Poster ...
BAGINSKI:	Ja klar, weg damit!
SEPSIC:	Sie können neue draufmalen. Oder wieder aussehen wie früher ...
BAGINSKI:	Dit wär wat!

SEPSIC: Dreißig Millionen Deutsche. Praktisch die Hälfte der Erwachsenen ...
BAGINSKI: Ach wat, Deutsche: Franzosen, Italiener, Amerikaner, Engländer, Koreaner ... Die sind ja noch viel irrer.
SEPSIC: Alles Gutverdiener ...
BAGINSKI: Vagessn Se die Rentna nich! Tattoo im Alta sieht noch scheißer aus.
SEPSIC: Patentierte Technik. Konkurrenzlos auf Jahre hinaus!!
BAGINSKI: Dit is der Knaller!
SEPSIC: Meinen Sie, da ist was drin?
BAGINSKI: Dit kannste blind koofn!
SEPSIC: Was könnte da drin sein? 2.500 Prozent plus?
BAGINSKI: Locka!
SEPSIC: Man kauft für zehntausend Euro Anteile, und ein paar Tage später ist es eine Viertelmillion.
BAGINSKI: Wenn't reicht.
SEPSIC: Meinen Sie mehr?
BAGINSKI: Klar, da steckste natürlich keene mickrigen zehntausend rin ...
SEPSIC: Sondern?
BAGINSKI: Na, sechsstellig. Broochste nie wieda arbeiten. Sin wa dabei! Kümman wa uns jleich drum!
SEPSIC: Meinen Sie?
BAGINSKI: Ja klar, früha Vogl! Wennste da nich jleich dabei bist, isset durch. Denn kannste nur noch teua koofn! Biste der Arsch! Wie heeßtet Zeuch?
SEPSIC: BeForce.
BAGINSKI: Bi-wat?
SEPSIC: BeForce. Ein Wortspiel. Aus *before* und *force*.
BAGINSKI: Jefundn. Aha, aha, aha. Aba ... dit is ja schweineteua!
SEPSIC: Tja. Wann waren denn die Grammys?
BAGINSKI: Nich jestern?
SEPSIC: Nein.

BAGINSKI: Vorgestern.
SEPSIC: Ganz kalt.
BAGINSKI: Uh ... ick seh, wat Se meinen ...
SEPSIC: Prima. Und was werden Sie jetzt tun?
BAGINSKI: Äh ... da ... da fällt uns sicha wat ein.
SEPSIC: Das wird teuer, mein Lieber!
BAGINSKI: Jetze ... det muss ja nicht, also ... wir ham nie wat jarantiert ... Hallo?

GESPRÄCH ENDE

Dr. Alice Weidel MdB Platz der Republik 1 11011 Berlin

Herrn
Attila Hildmann
Schillerstraße 71
10627 Berlin

**FRAKTION
IM DEUTSCHEN
BUNDESTAG**

**Dr. Alice Weidel
Mitglied des Bundestags**

eMail Adresse
buerger@afdbundestag.de

Raum
1234

Telefon
+ 49 30 227- 57141

Fax
+ 49 30 227-56349

Sehr geehrter Herr Hildmann,

ich möchte mich für Ihr Schreiben vom Anfang des Jahres bedanken. Ihre Verbundenheit mit unserem Land hat mich sehr bewegt, und ich würde mich sehr freuen, wenn mehr Ihrer türkischen Landsleute dieser bedingungslosen Unterstützung ihrer ehemaligen oder bald ehemaligen Heimat nachkämen. Umso mehr schmerzt mich, dass ich bei Ihrem Vorhaben, wieder nach Deutschland zurückzukehren – so nachvollziehbar dieser Wunsch auch sein mag –, nicht im erhofften Umfang behilflich sein kann.

Dabei möchte ich Ihnen versichern, dass ich alles Menschenmögliche unternommen habe, um Ihnen entgegenzukommen. Niemand hat Ihre Bemühungen während der Coronakrise vergessen, Ihren Einsatz und Ihre Bereitschaft, dieses Land aufzugeben, das für Sie doch sicher gefühlt zu einer Art zweiten „Heimat" geworden war. Die Verfolgungen durch das abgelöste Unrechtsregime waren zweifellos nicht leicht zu ertragen. Dennoch ist Ihre Rückkehr derzeit von unserer Seite nicht angedacht.

Ich muss mich zudem korrigieren: Ihre Behauptung, der Haftbefehl sei noch nicht aufgehoben, entpuppte sich in der Tat als zutreffend. Ich gebe zu, dass es mich selbst ein wenig irritiert, wenn meiner Bitte um diesbezügliche Aufklärung auch nach mehreren Wochen noch nicht nachgekommen wurde. Aber Sie werden sicher verstehen, dass die Neuordnung eines ganzen Landes mitunter eine andere Prioritätensetzung erfordert, als sie der Einzelne in seiner speziellen Situation für wünschenswert erachtet. Gerade Sie werden jedoch sicher einsehen, dass in diesem Fall von allen Verantwortlichen zuerst ans große Ganze gedacht werden muss, sprich: an das deutsche Volk und an seine berechtigten Angehörigen. Und auch wenn es uns gelingt, den Kreis der Berechtigten täglich zu reduzieren: Millionen bleiben eben Millionen. Des Weiteren möchte ich Ihnen versichern, dass ich und viele andere in diesem Land Ihre Lebensleistung erinnern und auch angemessen würdigen. Ihre Anregung, Sie doch bitte „nicht mit einem von diesen anatolischen Kuhbauern in einen Topf zu werfen", ist von Ihrem Standpunkt aus sicher nachvollziehbar. Dennoch muss ich Ihnen gestehen, dass Ihre Befürchtung einer „gewissen Skepsis innerhalb weiter Teile der Partei bezüglich meiner Person" nach wie vor nicht als völlig unbegründet bezeichnet werden kann und sollte.

Meine Empfehlung lautet daher, die Behandlung der Frage Ihrer Rückkehr auf unbestimmte Zeit zu verschieben. Gerade bei Ihnen sollten wir dafür ein gewisses Verständnis erwarten können: Derzeit passen solche Überlegungen nicht wirklich in die politische Landschaft. Ich möchte an dieser Stelle betonen, dass ich mich bereits weit über das übliche Maß hinaus für Sie eingesetzt habe. Um es einmal anschaulich zu illustrieren: Das letzte Mal, als ich versuchte, Ihren Fall voranzubringen, musste ich mir im Vorstand erklären lassen, es mache „keinen Sinn, Millionen Scheißkanaken einzusperren oder abzuschieben, nur um dann einen anderen Scheißkanaken reinzuholen, nur weil der mit dir vielleicht mal einen Salat gefressen hat".

In diesem Zusammenhang möchte ich die Gelegenheit nutzen, um rasch einige Missverständnisse auszuräumen, die vielleicht irrtümlich bei Ihnen entstanden sein könnten. Tatsächlich lebe ich nicht vegan, ich bin sogar nie Vegetarierin gewesen, auch wenn andere das vielleicht erzählen. Der Eindruck mag entstanden sein, als ich wegen diverser gesundheitlicher Einschränkungen vorübergehend die Einnahme von schwerverdaulichem Fleisch ein wenig reduzieren musste. Aber ich bin schon seit meiner Jugend eine vehemente Befürworterin von Schnitzeln und Koteletts und einer großen Bandbreite an Wurstwaren. Das kann der lokale Fleischereibetrieb jederzeit bestätigen, oder die Anwohner, die häufig meinen dort geparkten deutschen Verbrenner (Diesel) bemerken dürften.

Im Übrigen bitte ich Sie, künftig jegliche Andeutung zu unterlassen, dass auch ich „auf eine gewisse Weise angreifbar" sei, weil ich außerhalb einer von Ihnen bizarrerweise unterstellten „Parteinorm" stünde oder gestanden hätte. Ich und die Rechtsprechung dieses Landes erachten es inzwischen als belegt, dass meiner angeblich gleichgeschlechtlichen Partnerschaft ausschließlich strategisch-taktische Erwägungen zugrunde lagen, die stets in strenger Absprache mit der Parteispitze vorgenommen wurden. Deren Ziel war die erhöhte Akzeptanz in bürgerlichen, eher zurückhaltenden Kreisen. Dies hat, wie auch Ihnen bekannt sein dürfte, die Partei seither mehrfach in offiziellen Stellungnahmen publiziert, deren Leugnung mittlerweile nicht nur untersagt ist, sondern auch in etlichen Fällen bereits zu langen Zuchthausstrafen geführt hat. Wie ich gern hier nochmals aus absolut freien Stücken (und eigentlich unnötigerweise) bekenne, wähle ich wie jede ganz normale Frau meinen Lebenspartner ausschließlich aus jenem Personenkreis, den die normalen, anständigen Menschen bevorzugen. Dass ich damit auch und gerade mit den Vorstellungen der AfD als Partei der normalen Menschen konform gehe, ist kein Zufall, sondern selbstverständlich.

Zu guter Letzt möchte ich Sie bitten, sich nicht auf eine vermeintliche „geistige Seelenverwandtschaft" oder gar Freundschaft oder dergleichen mit mir zu beziehen. Ebenso möchte ich Sie dringend ersuchen, bei anderen keinen derartigen Eindruck hervorzurufen und insbesondere das Duzen zu unterlassen. Das mag in Ihren kopftuchtragenden Kreisen üblich sein, doch wer sich wie ich vorwiegend unter anständigen deutschen Bürgern bewegt, hat auf seinen Ruf zu achten. Dies bezieht sich auch auf Ihre unbedachte Verwendung meines Rufnamens „Lille", den Sie zweifellos nur aus einer in Ihrem Land noch erhältlichen Version von Wikipedia erfahren haben können. Diese böswillige und komplett veraltete Variante wurde nicht ohne Grund eingehend für die WikipeDEUa überarbeitet, ich bitte dringlich darum, sich dort zu informieren und die jeweils gültigen Informationen einzuholen.

Mit dem Bedauern, Ihnen keine günstigere Auskunft erteilen zu können, verbleibe ich

mit freundlichen Grüßen

 tagesschau Sendung verpasst? ▶

Startseite ▶ Faktenfinder ▶ Wer grün wählt, schadet der Umwelt?

FAKTENFINDER

Verwirrung bei grüner Schadensbilanz

Wer grün wählt, schadet der Umwelt?

In den vergangenen Tagen verbreitete sich eine Meldung, der zufolge die Klima- und Umweltprobleme in Deutschland überhaupt erst auftreten, seit die Grünen 1983 in den Bundestag einzogen. Doch kann man das mit dieser Entschiedenheit sagen?

Das Teilen von Screenshots ohne genauen Kontext führt oft zu Fehlinterpretationen. Das zeigt auch dieses Beispiel auf dem renommierten Journalismusportal Shmodder: Das erste Bild aus dem Spätwinter 1983 zeigt ein idyllisches Waldstück an einem Fluss, wenige Wochen vor der Bundestagswahl, in der den Grünen erstmals der Sprung über die Fünfprozenthürde und damit der Einzug ins Parlament gelang. Bild zwei zeigt eine Müllhalde nahe Duisburg nur wenige Monate später, im Herbst desselben Jahres. Unser Faktencheck will heute wissen: Stimmt das so?

Unglückliche Umstände
Wie so häufig ist die Antwort in diesem Fall nicht so einfach. Einerseits hat sich der Zustand von Wald und Welt seit 1983 selbstverständlich erheblich verschlechtert. Die Verantwortung dafür liegt aber mit an Sicherheit grenzender Wahrscheinlichkeit nicht bei den Grünen allein. Das

Beispiel des Waldes etwa zeigt, dass hier zweifellos auch eine seltene Koinzidenz von Baumsorten, Wetter und unglücklichen Umständen zu berücksichtigen ist. Dennoch scheinen die Fakten überraschend klar: 1983 holen die Grünen bereits sechs Prozent in Hessen[1], dann 1984 acht Prozent im konservativen Baden-Württemberg, 1985 zehn Prozent in Berlin, und 1986 explodiert ein praktisch nagelneuer Atomreaktor in Tschernobyl, der bis dahin einwandfrei gelaufen war. Aus dieser Perspektive erscheint dann auch der Zusammenhang des Unglücks von Fukushima 2011 mit grünen Stimmenanteilen von über zwanzig Prozent in einem ganz anderen Licht.

Wissenschaftliche Argumente
Ebenfalls nicht bestreitbar: Der Widerspruch zwischen dem Wunsch vieler Grünen-Wähler nach einer besseren Welt und dem tatsächlichen Zustand der Erde. Seit 1961 errechnet das Global Footprint Network den Earth Overshoot Day, also jenes Datum im Jahr, ab dem die Menschheit rechnerisch über ihre Verhältnisse lebt. Die Kalkulation ist einfach: Bis 31. Dezember sollten die Ressourcen eigentlich reichen, aber nachdem die Grünen im März 1983 in den Bundestag einzogen, waren die Ressourcen schon Anfang November verbraucht. Und kaum votierten die Wähler als Konsequenz mit acht, zehn, vierzehn Prozent für die Alternativen, stieg der Ressourcenverbrauch immer weiter an. Heute, da es die Grünen zwischenzeitlich mehrfach zur Regierungsbeteiligung, zu zwei Vizekanzlern und zwei Außenministern gebracht haben, liegt der Earth Overshoot Day nachweislich[2] bereits im Juli.

Viel hilft nicht immer viel
Wenn auch die Verschlechterung der Umstände den Grünen zumindest nicht im vollen Umfang zur Last gelegt werden kann, so sieht es in puncto Verbesserung der bestehenden Zustände nicht viel anders aus. Eine Rückfrage bei den deutschen Hochwasserzentralen[3] etwa zeitigte ernüchternde Ergebnisse: So konnte trotz teilweise erheblicher grüner Stimmenanteile keine einzige Flutkatastrophe der letzten vierzig (!) Jahre[4]

---

1 https://de.wikipedia.org/wiki/Ergebnisse_der_Landtagswahlen_in_der_Bundesrepublik_Deutschland#Gr%C3%BCne
2 https://www.welthungerhilfe.de/fileadmin/_processed_/8/7/csm_2024-earth-overshoot-day-zeitlicher-verlauf_691e9245f7.png
3 https://www.hochwasserzentralen.de/
4 https://de.wikipedia.org/wiki/Liste_von_Hochwasser-Ereignissen#Hochwasser-Ereignisse_im_21._Jahrhundert

verhindert werden. Obendrein mussten die Experten einräumen, dass auch bei noch höheren grünen Wahlergebnissen nicht einer der oft alarmierend hohen Pegelstände dieses Zeitraums nur um einen Zentimeter niedriger gelegen hätte. Geschützt hätten hier letzten Endes nur Deiche, Hochwasserbarrieren und Technisches Hilfswerk. Man muss festhalten: Der häufig bei Wählern gezogene Schluss „viel helfe eben viel" erweist sich bei den Grünen mindestens in Teilen als unzutreffend.

Gute bis beste Intentionen
Bei alledem gilt jedoch ein Aspekt nach wie vor als weitgehend unstrittig: Bis weit in das konservative Lager hinein wird den Grünen zwar eine Neigung zugeschrieben, bisweilen das Kind mit dem Bade auszuschütten, dies jedoch geschähe mit guten bis besten Intentionen. Betrachtet man aber die erstaunliche Wirkungslosigkeit der Partei, rückt geradezu unwillkürlich eine Frage näher ins Rampenlicht: nämlich jene, ob die grüne Schadensbilanz eine zufällige ist oder ob eher Pech, Unvermögen oder womöglich sogar Absicht dafür den Ausschlag geben. Letzteres lässt sich auch deswegen nicht ausschließen, weil gerade die Grünen paradoxerweise von dieser Entwicklung am meisten profitieren.

Derzeit ist es noch zu früh
Dennoch müssen in einem Rechtsstaat die Grünen bis zum Beweis des Gegenteils als unschuldig gelten. Grüne Befürworter führen nicht ganz zu Unrecht an dieser Stelle oft ins Feld, dass es bis zum heutigen Tag noch kein einziges Mal gelungen ist, grünen Amtsträgern eine vorsätzliche Schädigung der Umwelt nachzuweisen, wenn man von gelegentlichen Dienstflügen oder -autofahrten absieht.
Das allein kann freilich nicht als Beleg dafür gelten, dass derlei noch nicht vorgekommen ist. Um allerdings die Grünen eindeutig als Verursacher des Klimawandels zu identifizieren, ist es nach derzeitigem Kenntnisstand viel zu früh. Vertretbar scheint die Antwort „Ja, aber" gemäß dem bewährten Prinzip: Wo vielleicht Rauch sein könnte, muss möglicherweise auch Feuer denkbar sein.[5]

---

5 https://de.wiktionary.org/wiki/wo_Rauch_ist,_ist_auch_Feuer#:~:text=H%C3%B6rbeispiele%3A-,wo%20Rauch%

Gott bei Taylor Swift

Dieser Mann ist wahrscheinlich Gott.

Liebe Leser,

es kommt mir selbst merkwürdig vor, aber ich hatte letztes Wochenende in einem Biergarten eine eigenwillige Begegnung mit einem Mann, den mehrere Personen nicht nur mit „Gott" ansprachen, sondern auch so behandelten. Ich habe mir erst nichts dabei gedacht, ich habe natürlich ihn und seine Begleiter für eine Gruppe von Spinnern gehalten. Aber dann fiel mein Blick auf sein Bierglas. Und obwohl der Mann sicher über eine Stunde dort saß und mit anderen Leuten sprach, befand sich auf dem Bier in seinem Glas immer ein geradezu makelloser Schaum, wie auch in den anderen Gläsern am Tisch. Wohingegen der Schaum in den Gläsern aller anderen Tische rundum so schnell und lustlos zusammenfiel, wie es in Biergärten und eben auch in Biergläsern allgemein üblich ist. Da kam mir plötzlich ein sonderbarer Gedanke: Was, wenn dieser Bierschaum der Heiligenschein dieser Leute ist? Ab da ließ mich der Gedanke nicht mehr los, dass da jemand Außergewöhnliches sitzt, weshalb ich ihn um ein Interview gebeten habe.

Verzeihung, ich wollte nicht lauschen, aber habe ich das gerade richtig gehört? Sie sind Gott?

Was wollen Sie?

Oder heißen Sie nur so?

Ist das wichtig?

Na ja, ich bin Journalist, aber wenn Sie nur so heißen, dann will ich natürlich nichts.

Hören Sie, wenn Sie was zu fragen haben, fragen Sie oder lassen Sie's.

Klar, Sie haben natürlich keine Zeit …

Ich hab so viel Zeit, wie ich will …

Stimmt auch wieder …

… aber Sie nicht.

Wieso … was heißt das? Stimmt was mit mir nicht?

Ist das Ihre Frage?

Nein, aber Sie haben doch gerade …

Ist das Ihre Frage? Sie treffen jemanden, den Sie für Gott halten, und dann wollen Sie von ihm eine Auskunft, die Sie a) nicht überprüfen können, die b) Ihre Leser nicht interessiert und für die Sie c) besser Ihren Arzt fragen sollten?

Entschuldigung, nein, natürlich nicht.

Sondern?

Es kommt nur so überraschend …

Wenn es Sie überfordert, können wir's auch lassen. Ich bin nicht scharf drauf.

Nein, nein, die Frage, jetzt, sorry, es hat etwas gedauert, aber jetzt kommt sie: Was passiert danach? Also: nach dem Leben. Dem Tod.

Keine Ahnung. Ich bin noch nie gestorben.

Aber Jesus ist doch …

Welcher Jesus?

Na, Ihr Sohn …

Mein Sohn?

Oder nein, falsch: Sie sind ja alles drei zugleich …

Was?

Na, Sie selbst, der Sohn und diese Taube …

Ich bin was?

Ich meine, das ist natürlich nur eine der Varianten, die hier erzählt werden, aber da haben wir doch schon mal den ersten Fakt: Diese Dreifaltigkeit, das trifft also nicht zu?

Darüber hab ich mir noch nie Gedanken gemacht.

Oder ist das mehr wie im Islam?

Sagen Sie, haben Sie keine sinnvollen Fragen?

Entschuldigung, aber das ist ein Riesenthema hier. Hier gibt es eine Menge unterschiedlicher Vereine …

Ja und? Sie waren doch auch schon mal in einer Eisdiele, oder? Glauben Sie, da gibt es nur eine echte Sorte Eis? Und der Rest ist alles Falscheis?

Aber die Eisdiele hat ja auch keine Regeln, die man befolgen muss.

Sehen Sie.

Moment. Soll das heißen, dass … dass … sagen wir, das mit dem Schweinefleisch – das ist völlig egal?

Was soll denn sein mit dem Schweinefleisch?

Oder das mit dem Sabbat? Ich meine, ich bin kein Jude, aber was ist denn mit diesem Sabbat?

Muss ich den kennen?

Soll das heißen, all diese Gesetze sind … Unsinn?

Ich weiß es nicht, es gibt bei Ihnen auch Leute, die nicht völlig bescheuert sind. Aber glauben Sie, mich kümmert was davon?

Oder ob man Frauen die Hand gibt?

Himmel, geben Sie Ihre Hand doch, wem Sie wollen.

Aber das würde ja bedeuten …

Benutzen Sie eigentlich nie Ihren eigenen Kopf? Wenn ich nicht will, dass irgendwer irgendwen irgendwo anfasst, dann fällt mir schon ein, wie ich ihm das mitteile.

Na ja, aber Sie können ja nicht.

Das wäre mir neu.

Doch, wegen dem freien Willen …

Ich kann was nicht wegen wem?

Natürlich würde Ihnen was einfallen. Aber wenn Sie's direkt befehlen, dann würden Sie ja nicht sehen, ob wir's von selbst tun.

Glauben Sie, ich schau jedes Mal zu, wenn Sie wem die Hand schütteln?

Manche sagen das.

Und dann führe ich Strichlisten, oder was?

Na ja, wenn Sie es so sagen, klingt das natürlich seltsam, aber … im Prinzip …

Sie nehmen sich ja ganz schön wichtig.

Nun, wir bauen immerhin die ganzen Kirchen und Tempel und so …

Nach allem, was ich so mitkriege, wissen Sie inzwischen aber auch, wie groß das Weltall ist, oder? Und da, denken Sie, schau ich überall zu, wie irgendwer eine Hand schüttelt?

Soll das heißen, Sie sehen gar nicht alles?

Sie doch auch nicht. Sie sehen in Ihrem Fernseher auch nicht jeden Scheißdreck. Das Allermeiste schaltet man einfach nicht ein, weil man schon von vornherein weiß, dass es Quatsch ist.

Sex vor der Ehe, Gotteslästerung, Schwule …

Warum soll mich das alles interessieren?

Na, es muss ja einen Grund geben, weshalb Sie uns nach Ihrem Ebenbild geschaffen haben.

Ich habe was?

Sie können nicht abstreiten, dass Sie mir ähneln …

Na …

Also, vom prinzipiellen Aufbau her …

Hab ich nicht gesagt, Sie sollten Ihren Kopf benutzen?

Ja, und?

Meinen Sie, wenn ich bei den Marienkäfern zu tun habe, dann laufe ich rum wie eine Blattlaus?

Soll das heißen, dass wir gar nicht aussehen wie Sie?

Warum sollten Sie?

Na, warum haben Sie dann … überhaupt uns …

Merken Sie selbst, hm?

Es ging Ihnen nie um uns?

Wie sagt man bei Ihnen? Moment, hab's gleich: Halleluja!

Wir sind … ein Nebenprodukt? Wie Sägemehl?

Sägemehl ist ein bisschen wichtiger.

Aber … aber warum sind Sie dann überhaupt hier?

Aus demselben Grund wie alle anderen.

Also beruflich?

Hier? Gott bewahre! Nein, Taylor Swift.

Und sonst interessiert Sie hier nichts?

Absolut nichts.

Das heißt, wir können tun, was wir wollen?

Sind Sie nicht vorhin selbst mit dem freien Willen dahergekommen?

Und was ist mit Gut und Böse?

Was soll damit sein?

Na, Mutter Teresa ist ja wohl nicht dasselbe wie Adolf Hitler?

Technisch gesehen schon.

Aber in den Himmel kommen nicht beide?

Ich habe Ihnen doch gesagt: Ich bin noch nie gestorben!

Ich bitte Sie, da muss doch ein Unterschied sein zwischen Hitler und Mutter Teresa?

Sicher. Er war ein Arschloch, sie nicht. Aber dazu brauchen Sie doch hoffentlich nicht mich.

Und ist er jetzt in der Hölle?

Ich versteh's nicht. Es interessiert Sie doch auch nicht, wo Ihr Vormieter jetzt wohnt. Der Mann ist knapp hundert Jahre tot. Sie leben!

Und Putin? Kommt der in die Hölle?

Sie benutzen Ihren Kopf echt nicht gern, oder? Wie viele Leute sind gerade auf Ihrer Welt?

Neun Milliarden? Zehn?

Na also. Wer das mit Anstand organisieren will, kann keinen Hitler oder Putin brauchen.

Also kommt Hitler doch in die Hölle!

Wenn Sie ihn hinschicken. Ist Ihre Entscheidung. Wie mit dem Schweinefleisch.

Also doch verboten?

KOPF. BE. NUTT. ZENN. Wenn Sie diese Welt mit Anstand organisieren wollen, kann nicht jeder jeden Tag zwei Schnitzel fressen. Das ist einfach eine Sache der Logik. Aber auf den Rest kommen Sie jetzt schon selbst, oder?

Aber wenn man das … wenn man diese Schnitzel-Argumentation weiterführt … dann … dann geht ja vieles nicht mehr …

Wenn's Ihnen nicht passt, lassen Sie's.

Und Sie sind dann nicht böse?

Es. Ist. Mir. Scheiß. Egal. Ist Ihre Welt. Ich erwarte auch vom Sägemehl nicht, dass es mitdenkt.

Aber … es wäre vieles einfacher.

Was?

Na ja, wenn Sie mal klipp und klar sagen würden: Das und das ist Sünde. Wer ein SUV fährt, kommt in die Hölle. Und Hölle ist wie jeden Tag 24 Stunden Migräne, aber in allen Organen gleichzeitig.

Sie haben eine ganz schön kranke Fantasie, wissen Sie das?

Stört es Sie denn überhaupt nicht, was manche Leute hier machen?

Wie alt ist das Weltall jetzt, dreizehn Milliarden Jahre? Und wie alt wird es werden? Und wenn Sie jetzt kurz mal blinzeln, danke, so lange leben Sie. Und da soll ich mich drum kümmern, was Sie in der Zeit machen?

Das alles ist doch nicht völlig unwichtig!

Für mich schon. Aber aus Ihrer Perspektive sieht das wahrscheinlich anders aus. Also sollten wahrscheinlich auch eher Sie sich drum kümmern als ich. War's das?

Na ja, ich …

Entschuldigung, ich muss los.

Nur eine Frage noch: Woher weiß ich denn jetzt, dass Sie's wirklich sind?

Ganz einfach: Sie wissen's nicht.

Und … darf ich noch rasch ein Foto …?

Aber schnell. Ich verpasse nicht gern die Vorband.

Ich kann auch heute nicht journalistisch belegen, dass es sich bei dieser Person um Gott oder jemand Vergleichbares gehandelt hat. Aber ich kann an Eides statt versichern, dass ich während des gesamten Interviews keinen Schluck getrunken habe. Und dass mein Bierglas anschließend so aussah:

Zu sein oder nicht zu sein
aus „Schinkenlass" von William Shakespear

Zu sein oder nicht zu sein; das ist die Frage.
Ob es im Gehirn nobler ist zu leiden
die Schleudern und Pfeile empörenden Vermögens
oder gegen ein Meer voller Probleme die Arme zu nehmen
Und sie zu beenden, indem man sich wehrt?
Zu sterben: zu schlafen.

Nicht mehr. Und durch einen Schlaf zu sagen: wir beenden
den Herzschmerz und die tausend natürlichen Schocks
Dieses Fleisch hat geerbt. Es ist eine Vollendung.
Ein frommer Wunsch. Zu sterben, zu schlafen.
Zu schlafen! Vielleicht zu träumen! Ei, da ist das Reiben.

Denn was können in diesem Todesschlaf für Träume kommen
wenn wir diese sterbliche Spule abgeschoben haben
Muss uns Pause geben: Dann ist da noch der Respekt
Der Unglück macht für Auf Wiedersehen Leben!
Denn wer würde die Peitschen und Verachtung der Zeit ertragen

Das Unrecht des Unterdrückers, des stolzen Mannes verächtlich
die Stiche verschmähter Liebe, die Verspätung des Gesetzes,
die Unverschämtheit des Büros und die Schmach,
das geduldige Verdienst der wertlosen Aufnahmen
wenn er sich selbst Ruhe machen könnte

mit einer bloßen Haarnadel? Wer ertrüge Fardels?
Zu Grunzen und Schwitzen unter einem mühseligen Leben
Aber dass die Drohung von Irgendetwas nach dem Tod,
dem unentdeckten Land, von dem geboren
keine traveller Rückerstattung, das verwirrt den Geist

Und lässt uns lieber die Übel ertragen, die wir haben
Als zu anderen zu fliegen, von denen wir nichts wissen.
So macht uns das Bewusstsein alle zu Feiglingen
Und der angeborene Farbton der Auflösung
Wird überkränkelt mit dem bleichen Guss der Gedanken

Und Unternehmen von großem Mark und Moment
mit dieser Betrachtung werden ihre Strömungen schief
Und verlieren den Namen der Handlung. – Weich du jetzt!
Die schöne Ophelia! Nymphe, in deinem unverständlich
sein alle meine Sünden erinnert.

Warst grad nicht erreichbar, daher jetzt so: Können wir so drucken, find ich. Bei Google sind alle Sachen von Shakespear so, eben Gedichte. Übersetzen ging jetzt auch ohne DeepL, zehn Euro/Monat ist ja auch schon wieder eine halbe Pizza. Diese Version jetzt ist von ÜBERSPÄT, Freeware, musste halt Werbung sehen, aber ganz ehrlich, ich merk da null Unterschied. Ist fast sogar besser, man lernt noch dazu, „Fardels", nie gehört, lassen wir aber drin, klingt authentisch, original Shakespear.

Anja hat jetzt bei denen auch schon zwei Italiener und drei Franzosen durchlaufen lassen, alles Regionalkrimis, für lau kann man nicht meckern. Sie will noch Lektorat, seh ich aber nicht ein, 500 Euro, nur damit so ein Oberlehrer rausfindet, dass man Sphagetti mit h schreibt, die Korintenkacker sollen halt einen Leserbrief schreiben für die Rundablage.

Ansonsten: Satz und Umschlag machen wir auch by KI, Umschlag aber diesmal mit mehr Mittelalterzeug, warum nicht diese drei Hexen, gern jung. Aber schau drauf, dass die KI nicht wieder drei Brüste in den Ausschnitt packt. Irgendein Englischgenie hat irgendwo für größere Brüste „more breast" eingegeben, seither liefert die gern mal drei bis fünf.
B.

Was ich in diesem Sommer getan habe   3-

In diesem Sommer bin ich in dem blöden Spanien gewesen. Ich wollte noch nie ins blöde Spanien, aber was anderes gab es im Reisebüro nicht mehr. Und dann mussten wir ins blöde Spanien mit dem doofen gelben Reis. Mein Vater kann aber nichts dafür, sondern das ist die Schuld von diesen Scheißrussen.

Es heißt Weißrussen

Noch 941 Wörter

Wörterzählen gehört nicht zum Text

Man muss aufpassen: Man darf nicht immer „Scheißrussen" sagen, sondern nur, wenn die so heißen. Und nicht alle Russen sind Scheißrussen. Da muss man auch aufpassen, weil Russen nicht alle gleich sind, wie überhaupt Menschen nicht alle gleich sind, oder eben doch, aber das führt zu weit. Jedenfalls darf man Menschen nicht in einen Topf scheren. Wenn man sie aber in einen Topf schert, dann braucht man bei Russen zwei Töpfe.

In einen Topf werfen wirft

Die eine Sorte ist so, wie die andere heißt, aber man darf es nicht sagen. Die andere heißt aber so, und da darf man: Scheißrussen. Die haben ein eigenes Land: Scheißrussland. So kann man sie auseinanderhalten. Mein Vater nennt sie immer „Weißrussen", damit ich mir keine Schimpfwörter angewöhne, so wie er oft „Scccccchön" sagt, statt das, was hinten rauskommt. Aber ich weiß, dass sie wirklich Scheißrussen heißen. Sie machen's nämlich so wie Papa und nennen ihr Land auf scheißrussisch „Bella Russ". Und „bella" ist spanisch für „schön".

Leidlich erklärt, trotzdem falsch

s.o. Noch 780 Wörter.

Und die Scheißrussen sind schuld. Weil, ohne die Scheißrussen wäre ich nicht ins blöde Spanien gefahren, sondern nach Polen, nach Bialowieza. Dort gibt es keinen trockenen gelben Reispampf, sondern lauter Essen mit Sauerrahm, von dem die Blödspanier noch nie was gehört haben. Und es gibt dort vor allem Bisons, wie früher bei den Indianern und in der Steinzeit und in der Urzeit und im Urwald. Bisons sind toll. Und in Bialowieza ist alles noch da, wie früher. Weil Hitler alles so gelassen hat. Nach Hitler sind da die Russen hin und haben auch alles so gelassen, weil Russen nichts auf die Reihe kriegen und nur hässliche Autos haben. Man durfte aber nicht nach Bialowieza wegen so 'ner Eisenwand.

Das Zeug heißt Paella!

Kann man so nicht sagen!

s.o. Noch 659 Wörter.

Bis den Russen die Wand umgefallen ist (die kriegen nichts auf die Reihe, echt!). Dann sind sie in den hässlichen Autos heim, und alle konnten zu den Bisons. Außer ich, weil ich erst noch nicht auf der Welt war und dann noch nicht groß genug. Und wenn man zu klein ist, dann bringt es nichts. Aber wenn ich das gewusst hätte, wie das weitergeht mit den Russen und den Scheißrussen, dann wäre ich trotzdem hin, weil ein bisschen was hätte es sicher gebracht, und ein bisschen was ist besser als nichts. Für Ochsenschwanzsuppe braucht man auch keinen ganzen Ochsen.

s.o. Noch 557 Wörter.

Aber jetzt kann ich nicht mehr hin. Wegen der Sache mit den Krainern. Die Krainer wohnen neben den Russen und neben den Scheißrussen. Und sie haben irgendwas, was die Russen nicht haben, wahrscheinlich Würstchen. Irgendwann sind dann die Russen zu den Krainern gekommen. Weil auch die Russen Würstchen wollen. Sie selber haben keine. Und Geld haben sie auch nicht. Und ihre eigenen Würstchen werden so kacke wie ihre Autos (die bringen nichts auf die Reihe, echt). Deshalb mussten sie zu den Krainern und denen die Würste wegessen. Obwohl man nicht so oft Würste essen soll, aber wenn man sie nicht dauernd isst, geht es. Und man ist manchmal vegan. Mir kann es ja egal sein. Papa kauft die Würste beim Fleischer Schnatzki. Aber den Polen ist das nicht egal.

Ausdruck! Besser: ungenießbar!

Die Polen haben jetzt Angst, dass die Russen nach den Krainerwürsten auch noch ihren Sauerrahm wollen, weil, Sauerrahm kriegen die Russen ja auch nicht auf die Reihe.
So, und jetzt kommt Politik (noch 393 Wörter). Früher dachten die Polen, dass, wenn Russen was stehlen, schmeißt ihnen wer eine Atombombe auf den Kopf. Und dann fahren sie schnell wieder heim, in ihren hässlichen Autos. Aber jetzt, als die Russen den Krainern die Würste geklaut haben, haben die Polen gesehen, dass keiner eine Atombombe hingeschickt hat. Wir haben nur Duschbad hingeschickt und meine alten Stofftiere. Und dann hatte ich

Wo hast du das her? Russen essen sehr viel Sauerrahm

s.o.

101

keine Stofftiere mehr. Und es musste auch mal gut sein. Weil, meine Legos brauch ich selber.

Na ja, jetzt haben also die Russen die Krainerwürstchen. Deshalb denken die Polen: Wenn die Russen jetzt auch noch unseren Sauerrahm wollen, dann schmeißt vielleicht auch für uns keiner eine Bombe. Und deshalb haben sie Muffe. Dabei müssten sie doch gar keine haben, weil das neben ihnen gar nicht die echten Russen sind. Sondern nur die Scheißrussen. Aber die Polen haben so derart Muffe, dass sie meinen, dass die Scheißrussen eh alles machen, was die Russen wollen. Dass die Scheißrussen die Russen einfach durch ihr Land durchlassen, damit sich die Russen den Sauerrahm holen können und die ganzen guten Autos.

Ausdruck! S.o. [annotation next to "Scheißrussen"]

Jetzt sind es noch 212 Wörter.

S.o. [annotation next to "212 Wörter"]

Deshalb haben die Polen jetzt ihr ganzes Land verrammelt. Weil, wenn man die Russen nicht rausschmeißen kann, lässt man sie besser gar nicht erst rein. Deshalb darf man jetzt in die ganze Bisongegend nicht mehr hin. Die ist jetzt voll Betonklötzchen und Draht und Bunker und Bomben zum Draufsteigen und Drauffahren und Gruben und Gräben und schiefe Straßen, damit der Russe langsam fahren muss. Aber auch sonst darf keiner hin, damit keiner den Russen sagen kann, wo die Klötzchen sind und wo der Draht langgeht. Auch nicht Googlmaps. Und das gilt nicht nur bei den Bisons, sondern an der ganzen Grenze. Immer

Recht zutreffend geschildert. Prima! [annotation bracketing the preceding paragraph]

30 Kilometer weit. Der Park in Narew ist auch weg, der in Biebrza und Polesie. Und man muss lang vorher Bescheid sagen, wenn man nach Chelm will oder Bialystok oder Sobibor oder Belzec. Papa sagt, dass das schade ist, obwohl da keine Bisons sind, aber dafür ein paar <u>Rockschlösser</u> und Nazizeug. *Es heißt Barock!*
<u>Noch 53 Wörter.</u>
Man darf aber nicht „feige Polen" sagen, weil *s.o.* die anderen das auch machen: Lettland (hat keinen Sauerrahm, sondern Roggenbrot), Litauen (Roggenbrot), Estland (auch Roggenbrot), Rumänien (bestimmt Roggenbrot). Überall 30 Kilometer weg, Straßen-Klötzchen, Googlmaps-Kästchen, und ich fresse den faden Spanierreis. Nur weil die Russen und Scheißrussen nichts gebacken kriegen.
Endlich fertig.

Du hast Dir ein recht komplexes Thema ausgesucht und Dich dafür recht ordentlich geschlagen. Dennoch wäre es mir nächstes Mal lieber, dass Du einen Ferientag oder einen Ausflug schilderst wie die anderen auch.

Sage Deinem Vater einen schönen Gruß und dass ich es für extrem angebracht halte, wenn er bei der nächsten Elternsprechstunde am 3. März mal dabei sein könnte.

*Hier der finale Entwurf (Version 4!) zur Laudatio „Dagi Bee wird 60". Bitte alle bis Mittwoch freigeben, allerspätestens Donnerstag, zehn Uhr. Bei Änderungen im Redetext unbedingt zuerst Rücksprache mit mir, weil **jeder** Inhalt mit den Erben von Thomas Gottschalk (TGE) abgeklärt ist und daher auch **jede** Änderung mit ihnen besprochen werden **MUSS**. Sonst dürfen wir den Namen „Thomas Gottschalk" nicht verwenden.*

[Licht aus im Saal, Dunkelheit]

Announcer: Und jetzt … für die Laudatio… der König der Unterhaltung *[mit TGE abgesprochen, muss bleiben, die haben sich das gesichert]* … der große … der Einzige … Thomas Gottschalk!

[Einblendung: Thomas Gottschalk was realAIzed®]

THOMAS GOTTSCHALK: Ja, hallo, meine sehr verehrten Damen, meine Herren, liebe Zuschauer – jetzt hätte ich fast gesagt: zu Hause an den Geräten, aber ich weiß ja gar nicht mehr, an welchen Geräten Sie gerade sitzen oder wie man sie bedient. *[LACHER EINSPIELEN]*
Wer es mit Sicherheit weiß, das ist die Dagi Bee! Ich darf doch noch „du" sagen, Dagi, oder? Bist ja jetzt auch keine siebzehn mehr, kann man, glaub ich mal, verraten. Weil, mit siebzehn hat man noch Träume, aber mit siebzehn wäre spätestens die Karriere als Ministerin nicht möglich gewesen *[APPLAUS EINSPIELEN]* – Mindestalter für Mindestminister ist, wer weiß es? *[KLEINER LACHER]* Ja, achtzehn.
Aber die Dagi, die ist aufgewachsen mit all diesen Apparaten, nicht wahr, Internet, die hat schon gesmst, da haben Leute wie ich noch an der Wählscheibe buchstabiert. *[GROSSER LACHER]*
Ich muss natürlich ganz ehrlich sagen: Auch ich habe die Dagi

damals komplett unterschätzt. Ich komme ja noch aus einer Zeit, da galten Deep Purple als Musik. *[LACHER]*
Da mussten Leute noch ein Instrument halten, bevor sie ins Fernsehen kamen, zu Leuten wie mir, die immerhin auch noch was tragen konnten, nämlich ein Mikrofon *[KLEINER LACHER]*
und schlimme Klamotten *[MITTLERER LACHER]*
und eine Art Frisur *[RICHTIG GROSSER LACHER]*.
Ja, aber da wusste natürlich noch niemand, dass es die Dagi sein würde, die letztlich Kunst neu definiert. Aber ehrlich, hey, Dagi, bei deinem ersten Video hast du's auch noch nicht gewusst, gell?

[EINSPIELER ERSTES VIDEO, DAGI BEE ÜBER JUNGS, DIE FIFA SPIELEN]

Na, Dagi, erinnerst du dich? Da haben natürlich viele in meinem Alter gesagt: „Was will die da … Ich mein, die sieht ganz nett aus, aber so ein junges Ding, und was die da macht, das ist doch kein richtiges Fernsehen, hinter der kleben doch noch die Zeitungsausschnitte an der Wand, Bühnenbild kannste das nicht nennen …" Aber was wir alten Säcke da eben gar nicht mitgekriegt hatten, das war, dass da eine clevere junge Frau Geschichte schreibt. Kulturgeschichte sogar, oho, weil das war ja eigentlich das erste Mal, oder sagen wir: mit eines der ersten Male, dass da jemand gezeigt hat: Comedy, das geht auch ohne Humor!
[APPLAUS]
Aber da wird man der Dagi nicht gerecht, oder? Denn das war ja viel mehr. Die Dagi hat auch gezeigt, dass es noch ohne ganz andere Sachen geht. Was ja dann immer auch heißt, dass die Menschen viele dieser Sachen gar nicht wollen. Wie, ich sag mal, Nachrichten. Und ich hab mich damals immer noch bei denen von den Nachrichten entschuldigt, weil ich meine Sendungen so überzogen habe. Dank der Dagi weiß ich, ich hätte sagen sollen: „Leck mich am Arsch, jetzt kommt noch 'n Schminktipp!"
[GROSSER LACHER]
Was die Dagi einfach schneller begriffen hat, dass es reicht,

wenn man stattdessen etwas anderes bietet. Nämlich: sich selbst. Das kann natürlich nicht jeder, ich weiß das selbst am besten, wenn man so aussieht wie ich, dann braucht man dazu das ZDF. *[RIESENLACHER]*
Wenn man aber aussieht wie die Dagi, dann geht man ins, na? Genau, Internet, und die Zuschauer, die man da findet, die behält man einfach für sich selbst.
Es ist ja auch eine komische Zeit gewesen, damals. Ich weiß nicht, wie Sie das erlebt haben, wie du das erlebt hast, Dagi, aber das war eine Zeit, in der einem immer mehr Leute immer öfter gesagt haben, dass man Sachen falsch macht. Dass dies nicht gut ist und das nicht gut ist, bis man sich fragt: Ja, was soll ich denn dann machen? Und die Dagi hat dann einfach gemerkt, dass in einer solchen Zeit die Leute eine Freundin brauchen. Und zwar nicht eine, die immer jammert. Sondern eine, der's mal gut geht. Die einen nicht runterzieht, sondern rauf. Wie eben die Dagi. Und weil solche Freundinnen halt nicht auf den Bäumen wachsen, hat die Dagi gesagt: Na, mach ich's halt selbst.
Weil viele eben nicht wissen, dass Menschen von einer echten Freundschaft mehr erwarten als immer nur Heiteitei. Völlig zu Recht. Dass ein guter Freund einem auch mal einen Rat gibt. Oder auch mal deutlich die Meinung sagt, zum Beispiel über die Partnerschaft, oder über das, was man kaufen soll.
Es ist in Deutschland natürlich so, dass dann immer genörgelt wird. Und bei der Dagi hat man genörgelt, dass die Dagi ja dann irgendwie dafür bezahlt wird. Als ob andere Leute nicht bezahlt würden. Und es muss ja auch klar sein, dass man mit ein oder zwei richtig dicken Freunden jederzeit im Supermarkt arbeiten kann. Aber bei vier Millionen dicken Freunden geht das eben nicht mehr.
Und, klar, Deutschland wieder, dann heißt es: Kann man vier Millionen dicke Freunde haben, außer bei den Weight Watchers? *[LACHER, UIUIUIs]*
Da hat die Dagi aber sofort gezeigt, dass das selbstverständlich geht und dass das auch gut für die Freundschaft ist. Denn Leute

mit zwei Freunden oder dreien verlosen nicht eben mal ein nagelneues Handy von Samsung. *[MARKE WIRD EVTL. NOCH GETAUSCHT, UNBEDINGT RÜCKSPRACHE MANAGEMENT DAGI BEE]*
Aber wer die Dagi kennt, und das sind, glaube ich, mehr Leute als bei, sorry, Günther Jauch, der weiß, dass die Dagi keine halben Sachen macht. Die Dagi ist jemand, der Dinge in die Hand nimmt. Gerade, wenn sie weiß, dass die Menschen sich noch besser fühlen, wenn sie direkt bei einem Freund was kaufen können. Und da hat die Dagi dann angefangen, Kosmetik zu machen und Hafermilch, die keine Spur schlechter ist als andere Kosmetik und andere Hafermilch, aber eben von einer Freundin kommt. Super Sache also, aber Deutschland wieder: Mensch, die Dagi, klar kauf ich ihre Hafermilch, aber was kauft die bei mir? Ja, wie soll das gehen?
Bei vier Millionen Freunden!
Wenn die Dagi da bei jedem was kaufen würde, dann hätte sie keine Villa, sondern eine Insolvenz *[LACHER]*. Und das wünscht man seiner Freundin natürlich nicht.
Wobei: vier Millionen Freunde – das war damals. Inzwischen, wissen Sie selbst. Weil die Dagi erkannt hat, dass es noch viele Dinge gibt, die man genauso gut auch bei ihr kaufen kann. Wie DagiBeef, das erste vegane Laborfleisch. *[APPLAUS]*
Die Hotelkette DagiB'nB. *[APPLAUS]*
Die BeeO-Märkte. *[APPLAUS]*
Und dann natürlich DagiBrrtz, der Strom mit Style! *[APPLAUS]* Aber, klar, Deutschland wieder: Warum soll ich bei Dagi Strom kaufen, der ist doch auch nicht anders als anderer Strom? Wobei, die Frauen unter Ihnen wissen – logisch – Bescheid: Wegen dem cuten Zähler im Wohnzimmer. Oder außen am Haus, da sieht man dann sofort: Hal-lo, die Leute hier stehen unter Strom – aber unter dem richtigen. Ich weiß, wovon ich rede, ich hab mir einen Zähler gekauft, als ich noch Strom gebraucht habe.
[LACHER]
Und heute hab ich drei in der Gruft. *[GROSSER LACHER]*

Der Verbrauch ist natürlich weniger geworden, aber das ist ja dann wie damals in meiner Schulzeit in Kulmbach. Hat schon mein Lehrer gesagt: Der Gottschalk ist keine große Leuchte. *[LACHER]*
Nein, jetzt, bitte, müssen wir aber auch mal einen Moment ernst werden: die Sache mit der Politik. Haben sich ja viele Fans gefragt: Warum nicht eher? Aber die Nicht-Fans, und solche gibt es ja auch, waren dann doch ein bisschen überrascht: gleich Kulturstaatssekretärin, geht das denn gut? Ich mein, die Älteren erinnern sich da noch an sogenannte Fachleute, beispielsweise Claudia Roth, auch wenn da die meisten glauben, das sei der Tinnitus. *[LACHER, UIUIUI]*
Aber die wussten halt nicht, dass die Dagi im Prinzip immer schon Kunst gemacht hat. Ich meine, so eine Verpackung für Bodylotion, das ganze Design, das macht sich ja nicht von allein. 2021 hat sie dann schon Musiker rausgebracht, dann als Autorin ein richtiges Buch: die „DagiBee-o-Grafie". Dann viel gemalt, grade als der Junge aus dem Gröbsten raus war, dann die Galerie-Kette mit der Tochter Geiss… Ich weiß gar nicht mehr, war's die eine oder die andere, ist aber auch egal, weil ja dann über die Liz-Mohn-Stiftung, die Bertelsmann-Stiftung und die Pamela Reif klar wurde, dass insgesamt ein unglaublicher Nachholbedarf da war für Kultur. Dass man eben inzwischen sogar in Berlin Leute gebraucht hat, denen klar ist, dass auch ein Stromzähler Kunst sein kann. *[APPLAUS]*
Die Frage ist also eher: Warum nicht gleich Justizministerin? Sieben von zehn Rechtsschutzversicherungen werden ja heute bei MyAttornBee abgeschlossen. Das hätte sich der Lehrer auch nicht träumen lassen, was er da auslöst, mit seiner Erdkunde-Fünf für deinen Nelio, was? *[LACHER]*
Aber gut, letztlich hat er jetzt einen anderen Job, und Eugen und du, ihr habt das Schulhaus ja dann für eure Stiftung brauchen können. *[APPLAUS]*
Und das Kulturstaatssekretariat war ja dann auch nur eine Zwischenlösung, bis du das Ministerium für Verbraucherschutz,

Umwelt und Tourismus gekriegt hast. *[APPLAUS]*
Zeitenwende wurde damals ja vieles genannt. Aber deine Antrittsrede, da haben einige gedacht: Mein lieber Scholli! Und was war das für ein Satz: „Verbrauch hat auch was mit Konsum zu tun!« Und es war ja auch das erste Mal, dass die Bevölkerung Aktionen von einer Ministerin aktiv unterstützt hat, das kannte man ja bis dahin überhaupt nicht. Da hätte der Lauterbach davon geträumt. *[UNSICHERE LACHER]*
Lauterbach, Karl, das war mal ein Gesundheitsminister. Dass Ihnen so was ausgerechnet ein Toter sagen muss ... *[RICHTIGE LACHER]*
Diese Aktionen haben sich jedem von uns eingeprägt: „Alles für die Umwelt, aber nicht dauernd!" *[APPLAUS]*
Oder: „Es sind wieder Gönn-dir-Wochen!" *[STARKER APPLAUS]*
Oder: „TÜV-Plakette ist nicht alles!" *[APPLAUS]*
Oder: „Kannste doch umtauschen." *[APPLAUS, BEGEISTERTE PFIFFE]*
Beliebtheitswerte, Dagi, muss ich dir nicht erklären, hast du genug. Und ein, zwei Abonnenten sind auch hängengeblieben, oder? Ja? Was hat doch die *Zeit* geschrieben, damals noch auf Papier: „Dagi Bee, die neue Päpstin?" Klar, warum nicht. Aber ich meine, auch wenn ich jetzt nicht wirklich hier stehe: Eines musste uns jetzt aber mal verraten ... Kanzlerin? *[ENORMER APPLAUS]*
Kannste noch nicht sagen, hm? Weiß es der Eugen? Na ja, ihr macht das schon.
Jetzt noch ein kleiner Blick auf die Uhr und, uiuiui. Ja, ist jetzt doch wieder ein bisschen länger geworden, das kennt man heute, glaub ich, gar nicht mehr so, aber ist auch nicht schlecht, bisschen Flexibilität, nicht wahr, what happened to rock 'n' roll? Aber, wie ich und wie wir alle von Dagi gelernt haben: Scheiß drauf, jetzt noch 'n Schminktipp! *[JUBEL, STÜRMISCHER APPLAUS, BEGEISTERTE PFIFFE, STANDING OVATIONS]*

[NOCHMALS EINBLENDUNG: Thomas Gottschalk was realAIzed®]

[THOMAS GOTTSCHALK-HOLOGRAMM VERSINKT WINKEND IM BODEN]

THOMAS GOTTSCHALK: Hoppla, falsche Richtung! *[LACHER]*

[THOMAS GOTTSCHALK WECHSELT DIE RICHTUNG UND FÄHRT GEN HIMMEL. NICHT ZU FRÜH AUSBLENDEN, ERST WENN ER GANZ AUS DEM BILD IST!]

Herzlichen Glückwunsch: Als Premium-User sind Sie ab sofort für das I-Witness®-Premium-Programm freigeschaltet. Genießen Sie ab sofort die Welt mit neuen Augen. Sind Sie bereit? Los geht's!
I-Witness®-Premium ist in der Lage, Ihr Erlebnis der Welt noch befriedigender zu gestalten. Erleben Sie die Welt neu, gestalten Sie Ihre Welt neu – mit 281 Billionen Farben. Bitte kalibrieren Sie dazu zunächst Ihre I-Witness®-Linsen neu, indem Sie dieses Bild sechzig Sekunden lang betrachten.

Gehen Sie nun den nächsten Schritt in die Zukunft: Erleben Sie I-Change®.

■ *Was ist I-Change®?*
I-Change® ist Ihr Schlüssel zu einer neuen Welt. Ab sofort sind Farben und Licht für Sie nicht mehr verbindlich. Sie wünschen hellere Tage oder mehr Wolken? Sie möchten orange- oder pinkfarbene Wälder? Definieren Sie die Blattfarbe neu! Sie möchten diesen Satz jetzt in Rot lesen? Und den nächsten in Grau und fett? **Ihr Schlafzimmer neu streichen?** In Sekunden sind Sie fertig. Und das gilt nicht nur für Sie: Vier Milliarden Menschen sind inzwischen weltweit mit I-Witness® und I-Change® kostenlos vernetzt. Schalten Sie Ihre Ideen frei, teilen Sie Ihre Träume, Ihre Änderungen mit Ihrer Familie, mit Freunden, mit Fremden. Gestalten Sie jetzt für sich und andere die Welt Ihrer

großen und kleinen Wünsche. Kratzer und Schrammen an Möbeln oder im Fahrzeuglack? I-Change® gleicht sie aus ohne einen einzigen Pinselstrich und ermöglicht Ihnen Ihre Traumlackierung in Sekunden. Tauschen Sie den Blick aus Ihrem Fenster gegen die Aussicht auf einen Karibikstrand, in ein Alpental oder aus dem 53. Stock in Manhattan. Stimmen Sie Ihre Fenster aufeinander ab oder blicken Sie in verschiedenen Zimmern in verschiedene Welten. Tauschen Sie braune Rasenflecken im August gegen grüne im Mai.[1] Gestalten Sie die Zimmerdecke neu – oder leben Sie ab sofort zu Hause unter einem strahlend blauen Himmel bei zauberhaftem Sonnenschein – ohne jede Sonnenbrandgefahr.[2]

Kontrollieren Sie jetzt **NIKE. BURY THEM SMILING** Ihre eigene Erscheinung in nie dagewesenem Umfang und Komfort: Ab sofort können Sie im täglichen Leben Ihr Auftreten genauso gestalten wie das Aussehen Ihrer Instagram-Seite. Strahlend weiße Zähne, jede gewünschte Haarfarbe, jedes Kleid, jede Hose in jedem gewünschten Muster und obendrein jederzeit absolut fleckenfrei. Seien Sie anders, seien Sie ganz Sie selbst – seien Sie *mehr* Sie selbst[3]! Und das Schönste: Genießen Sie die ganze Freiheit mit noch weniger Werbung.

■ Enjoy AdFree®

Nie war es einfacher, den AdverTank® zu leeren. Mit AdFree® gehören die meisten lästigen Werbeeinblendungen der Vergangenheit an – gewähren Sie einfach unseren sorgsam ausgewählten AdFree®-Part-

---

1 Vereinzelt kann es dazu kommen, dass Ihr Erleben werbefreier Bilder in der analogen Realität im Vergleich zur I-Witness ®-Premium-Realität an Intensität zu wünschen übriglässt. Der Eindruck von Personen, Gegenständen oder Panoramen kann dann „matt" oder „bleich" wirken. Dies lässt sich rasch beheben, indem Sie **I-Change®** erlauben, die Linsenfunktion Ihren AdFree®-Sehgewohnheiten entsprechend zu korrigieren. I-Witness ®-Premium übernimmt dann die entsprechenden Anpassungen automatisch für Ihr alltägliches Umfeld.

2 Für andere I-Change®-Teilnehmer festlegbar ist nur die optische Erscheinung des privaten Umfelds (eigene Person, Wohnung, Garten, Kleidung, Kinder unter zwölf Jahren). I-Change® ist anwendbar auf jeden beweglichen und unbeweglichen Gegenstand in Ihrem persönlichen Besitz. Umfang und Umrisse der Gegenstände sind aus Sicherheitsgründen nicht veränderlich. Änderungen an dritten Personen sind nur mit deren Einverständnis zulässig. Alle vorgenommenen Änderungen verstehen sich vorbehaltlich der vertragsgemäßen Einhaltung des vereinbarten Werbezeitbudgets.

3 Menschen ohne I-Witness®-Linsen bzw. ohne I-Change®-Freischaltung können über Ihre Änderungen leider nicht informiert werden. Rechnen Sie hier mit kleinen bzw. vorübergehenden Irritationen. Werbeinhalte sind von Veränderungen ausgeschlossen.

nern⁴ den I-Change®-Zugang. Fixieren Sie dazu lediglich bei Betreten des realen oder virtuellen Geschäfts kurz den QR-Code am Geschäftseingang und lassen Sie sich ab sofort von Experten⁵ beim Einkauf assistieren. Finden Sie Produkte schneller, lesen Sie Kleingedrucktes größer, erhalten Sie kostenlose Kaufberatungen – und bekommen Sie durch den Zugriff auf Ihre bisherigen Käufe nur noch die Empfehlungen⁶, die Sie wirklich interessieren⁷.
Möchten Sie AdFree® jetzt freischalten?
Danke.

■ *ByeBuy*

Cleverer kann man nicht einkaufen: Jedes beworbene Produkt, das Sie bei einem AdFree®-Partner online oder im Geschäft erwerben, leert ganz nebenbei Ihren AdverTank®. Keine Werbeclips mehr sehen, stattdessen noch entspannter einkaufen – ByeBuy macht's möglich. Dies gilt in 1,75-fachem Umfang, wenn Ihr Warenkorb vollständig den Empfehlungen des jeweiligen AdFree®-Partners entspricht beziehungsweise

---

4 Ein AdFree®-Partner gilt als sorgsam ausgewählt, wenn er einen Partnervertrag unterschreibt. Zu den AdFree®-Partnern gehören DHL, Deutsche Post, Deutsche Bahn, REWE-Group (Rewe, Billa, Penny, Nahkauf), Edeka-Gruppe (Netto, Edeka), Aldi Nord/Süd, Schwarz-Gruppe (Lidl, Kaufland), Zara, Peek & Cloppenburg, H&M, C&A, Chanel, Louis Vuitton, D&G, dm, Rossmann, Apple, Galeria Kaufhof, carhartt, Woolworth, Amazon, Temu, Hornbach, OBI, Douglas, BMW, Daimler, Radlbauer, Thalia, IKEA, MediaMarkt, Saturn, Alnatura, S.Oliver, Tchibo, Fressnapf, adidas, SportScheck, Fielmann, Katholische Kirche, EKD, Deutscher Museumsbund, Deutscher Bühnenverein, Deutscher Sportbund, DFB, Bundesregierung, Bayern, Baden-Württemberg, Rheinland-Pfalz, NRW, Hessen, Saarland, Berlin, Brandenburg, Schleswig-Holstein, Hamburg, Bremen, Deutscher Städtetag, Sachsen, Mecklenburg-Vorpommern, Thüringen, Sachsen-Anhalt, SPD, FDP, CDU, CSU, DFB, AfD, Grüne, BSW, Bertelsmann Group, Axel Springer, ARD, ZDF, Pro Sieben. Vollständiges Verzeichnis unter I-Witness.com/AdFree®-Partners

5 Als Experten im Sinne der AGB gelten alle festangestellten, freien und vorübergehenden Mitarbeiter der AdFree®-Werbepartner. Die Kaufberatungen können Werbung und Promotions enthalten.

6 Die Freischaltung von AdFree® erlaubt teilnehmenden Werbepartnern dauerhaft den Zugriff und die Speicherung Ihrer bisherigen Käufe. Die bisher üblichen Gewährleistungsansprüche behalten ihre Gültigkeit, beispielsweise hinsichtlich der technischen Funktionsfähigkeit, der Lebensdauer oder auch der lebensmittelrechtlichen Haltbar- und Unbedenklichkeit. Produkte können jedoch von teilnehmenden Werbepartnern durch Licht, Farbe und Aussehen hervorgehoben bzw. in der Erscheinung Ihren Vorlieben angepasst werden. Empfehlungen sind möglich. Die Wahrnehmung erworbener Produkte kann für Menschen ohne entsprechende Linsen/Freischaltung von Ihrer Wahrnehmung gelegentlich beträchtlich abweichen. Dies ist technisch bedingt und nicht als Produktmangel zu bewerten bzw. kein Umtauschgrund.

7 „Interessieren" wird in Übereinstimmung mit den AGB als freie Interpretation des gezeigten Kaufverhaltens ausgelegt. Ein tatsächliches Interesse der betrachtenden Person muss optional bleiben und ist weder verpflichtend noch einklagbar.

sogar doppelt, wenn Sie Ihren Einkaufskorb fotografieren und alle Ihre Freunde von Ihrem Einkauf benachrichtigen. Noch mehr Bonuspunkte erhalten Sie, wenn Personen aus Ihrem Freundeskreis Ihren Einkauf positiv bewerten oder wenn Sie eine positive Bewertung über den Einkaufskorb eines Freundes abgeben.

Warnung: Der umfangreiche Gebrauch von I-Witness® beziehungsweise I-Witness®-Premium kann die Sehgewohnheiten verändern. Je nach Vorlieben kann sich die analoge Realität erheblich von der dargestellten Realität unterscheiden. Das Abschalten sollte daher nur sitzend in einem ruhigen Umfeld erfolgen. Bereiten Sie sich darauf vor, dass die analoge Welt zwischenzeitlich in Farben, Geräuschen, Fauna, Flora, Umweltzustand und Regierungsform möglicherweise in größerem Umfang von Ihren Wünschen abweichen kann. Diese möglichen Diskrepanzen sind technisch bedingt und fallen daher nicht unter die Gewährleistung. **FeedEx: Kochen war gestern**.

Weil Verzeihen Fehler braucht.

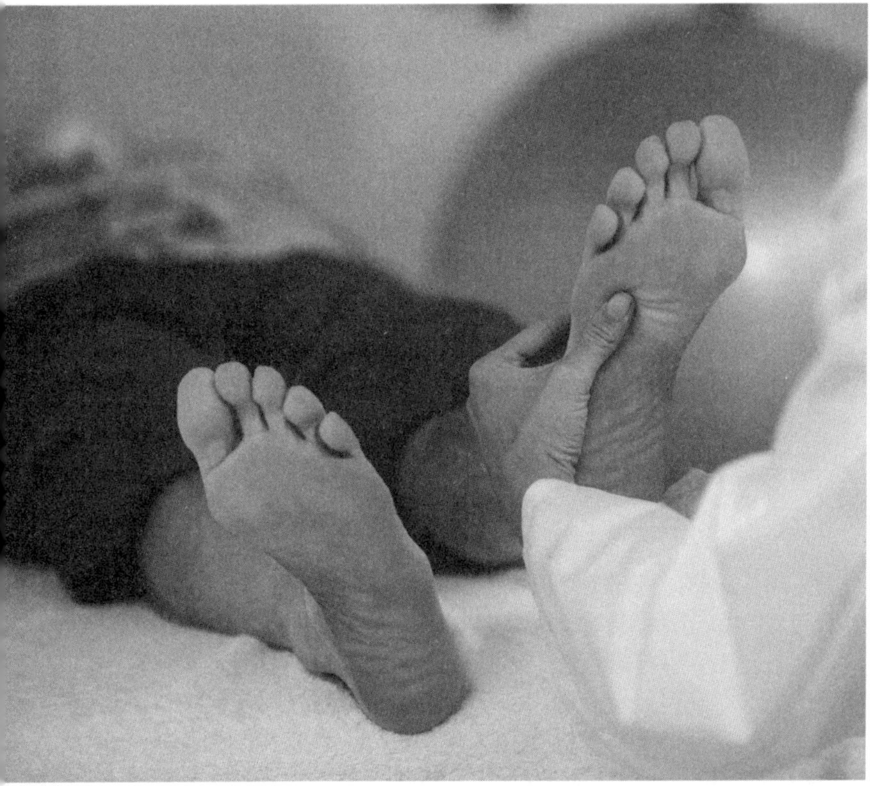

MORON 3.0
Irren ist menschlich.

Bereits 37 % aller deutschen AI-Unternehmen vermenschlichen ihre Anwendungen mit MORON 3.0.

TELEFONATSMITSCHRIFT

GEGENSTAND: Anruf bei Iwan "Sergej" Smirnow (mobil)
ZUSTÄNDIGE BEHÖRDE: ▬▬▬▬▬▬
ZEITPUNKT: ▬▬▬▬▬
GESPRÄCHSTEILNEHMER: Gerhard Kroll, Privatperson,
Iwan "Sergej" Smirnow, Unternehmer
GESPRÄCHSINHALT: Umweltvergehen, Anbahnung illegale Entsorgung

Gerhard Kroll: Hallo?
Iwan Smirnow: Hallo?
Gerhard Kroll: Sind Sie ... dieser Sergej?
Iwan Smirnow: Woher hastu Nummer?
Gerhard Kroll: Das ... äh, ein Freund. Sind Sie Sergej?
Iwan Smirnow: Kann sein. Welcher Freund?
Gerhard Kroll: Den kennen Sie nicht ...
Iwan Smirnow: Ich kenne nicht Freund?
Gerhard Kroll: Eigentlich ist es mehr der Freund von einem Freund.
Iwan Smirnow: Heißt?
Gerhard Kroll: Äh ... Mert.
Iwan Smirnow: Ah, Mert. Ist kein Freund. Ist Arschloch.
Gerhard Kroll: Ja, aber Sie sind doch Sergej, oder?
Iwan Smirnow: Was willstu?
Gerhard Kroll: Also ... ich weiß nicht ... Ich mache das ja auch zum ersten Mal, aber es geht echt nicht mehr ...
Iwan Smirnow: Bistu Drogenbulle? Ich mach kein Drogen. Legich auf!
Gerhard Kroll: Nein, nein, bitte. Es ... Plastik! Brauchen Sie Plastik?
Iwan Smirnow: Keine Sau braucht Plastik.
Gerhard Kroll: Ja, aber es heißt ... Sie wissen schon ...
Iwan Smirnow: Ich weiß nix.
Gerhard Kroll: Bitte, Sie müssen mir helfen! Ich weiß nicht mehr, was ich tun soll!

Iwan Smirnow: Mach wie alle.
Gerhard Kroll: Wie machen's denn alle?
Iwan Smirnow: Bistu dumm?
Gerhard Kroll: Herrgott, ich hab keine Ahnung von Plastik. Das haben wir längst alles abgeschafft. Meine Kinder haben Holzspielzeug. Ich hab das letzte Mal Kunststoffteile entsorgt, als endgültig klar war, dass es die Regierung nicht zahlt, weil's einfach zu teuer ist. Das hat mich schon damals ein Vermögen gekostet. Also, was machen alle?
Iwan Smirnow: Weiß nicht. Hab nur gehört.
Gerhard Kroll: Und was?
Iwan Smirnow: Hastu Kasereib?
Gerhard Kroll: Kasereib?
Iwan Smirnow: Kasereib. Fur Parmesan.
Gerhard Kroll: Eine Käsereibe?
Iwan Smirnow: Nimmstu Kasereib, gehstu Keller.
Gerhard Kroll: Mit einer Käsereibe in den Keller? Und dann?
Iwan Smirnow: Nimmstu Plastik. Reibstu klein. Tustu in Hose. Aber Hose mit Loch.
Gerhard Kroll: Hose mit Loch?
Iwan Smirnow: Gehstu spazieren. Plastik geht durch Loch. Machstu morgen wieder. Keller leer.
Gerhard Kroll: Wegen zwei Hosentaschen voll Plastik?
Iwan Smirnow: Spazierstu zwei Jahre.
Gerhard Kroll: Ich hab aber nicht nur einen Keller.
Iwan Smirnow: Sondern?
Gerhard Kroll: Eine Scheißlagerhalle.
Iwan Smirnow: Spazierstu zwanzig Jahre.
Gerhard Kroll: Ich hab keine zwanzig Jahre!
Iwan Smirnow: Warum hastu Halle voll Plastik?
Gerhard Kroll: Weil mein Vater gestorben ist.
Iwan Smirnow: Heißtu Playmobil?
Gerhard Kroll: Was? Nein, ich hab das Haus geerbt. Die Halle steht daneben. Er hat offenbar Geld damit verdient. Als die Entsorgungsgebühren für Altplastik kamen. Die Leute haben ja erst alles gehortet, aber als die Keller übergelaufen sind, hat er's ihnen abgenommen. Gegen Geld. Hat seine Rente aufgestockt.

Der war schon immer ein Arschloch. Der hat damit gerechnet, dass er sich um die Entsorgung nicht mehr kümmern muss.
Iwan Smirnow: Was für Plastik?
Gerhard Kroll: Na alles. Tonnenweise Kinderspielzeug, Küchengeräte, alles, was man damals billig gekauft hat und dann nach sechs Wochen kaputt war. Die ganze chinesische Industriescheiße, sämtliche Plastiksorten quer durchs Einkaufsparadies, inklusive der Blisterpackungen. All das, wo die Entsorgung plötzlich teurer war als der Einkaufspreis.
Iwan Smirnow: Warum hastu Haus genommen? Sagstu einfach: Will ich nicht.
Gerhard Kroll: Das wusste ich doch nicht. Mit so was rechnet doch keiner.
Iwan Smirnow: Ist Halle groß?
Gerhard Kroll: Weiß nicht. Sind tausend Quadratmeter groß?
Iwan Smirnow: Scheiiiiße.
Gerhard Kroll: Unmöglich?
Iwan Smirnow: Nicht unmöglich.
Gerhard Kroll: Aber?
Iwan Smirnow: Schwierig.
Gerhard Kroll: Was soll ich denn sonst tun?
Iwan Smirnow: Verkaufstu Haus.
Gerhard Kroll: Wer nimmt denn das mit dem ganzen Plastik?
Iwan Smirnow: Was für Plastik? Machstu Halle nicht auf. Hastu kein Schlüssel.
Gerhard Kroll: Kein Mensch kauft ein Haus mit einer Tausend-Quadratmeter-Halle und schaut nicht rein.
Iwan Smirnow: Suchstu nicht Mensch. Suchstu Idiot.
Gerhard Kroll: So blöd kann keiner sein. Außer einem Verwandten.
Iwan Smirnow: Blöd gibt viel. Aber ja, so blöd gibt nicht viel.
Gerhard Kroll: Also? Machst du jetzt dein Ding, oder was?
Iwan Smirnow: Schwierig.
Gerhard Kroll: Wieso? Mert sagt, du machst das dauernd.
Iwan Smirnow: Mert sagt. Mert findet nicht sein Arsch. Mein Ding ist nicht für Lagerhalle.
Gerhard Kroll: Sondern?

Iwan Smirnow: Na, Keller, oder zwei. Ist einfach. Suchstu andere Keller, machstu voll. Oder suchstu Strohmann, mietet Lagerabteil mit falsche Name, macht Abteil voll, geht weg.
Gerhard Kroll: Und das klappt?
Iwan Smirnow: Noch. Wird schwerer. Keller jetzt besser gesichert, bewacht, Abbruchhäuser, immer mehr bewacht. Schießen jetzt auch scharf. Aber geht. Noch.
Gerhard Kroll: Na, dann ... mach das doch!
Iwan Smirnow: Halle mit Tausend Quadmeter, weißtu, wie viel das ist in Lagerabteil? Brauchstu kleine Stadt!
Gerhard Kroll: Was soll ich denn dann tun?
Iwan Smirnow: Machstu Feuer.
Gerhard Kroll: Verkauf mich nicht für blöd. Erstens hab ich von so was keine Ahnung, und zweitens kann ich mich dann ja gleich selbst anzeigen. Wenn die merken, was da brennt, können die sich auch an zwei Fingern ausrechnen, warum. Darauf steht Knast. Kannst du nicht einfach zwei Lastwagen über irgendeine Grenze fahren?
Iwan Smirnow: Tausend-Quadmeter-Halle sind zwanzig Lkw. Ist Halle niedrig?
Gerhard Kroll: Na ja, nicht so.
Iwan Smirnow: Dann fünfundzwanzig Lkw. Bin ich Houdini?
Gerhard Kroll: Bitte! Ich weiß sonst niemanden, den ich fragen kann.
Iwan Smirnow: (unverständlich) Wird aber teuer.
Gerhard Kroll: Das wird's wahrscheinlich sowieso.
Iwan Smirnow: Schau, gibt zwei Wege. Weg 1: Machstu ein Lkw pro Monat. Nachts. Ist einfacher, suchst ein Ort pro Monat.
Gerhard Kroll: Ein Lkw pro Monat? Das dauert ja Jahre!
Iwan Smirnow: Aber sonst fällt auf. Ist so schon gefährlich, findet wer eine Ladung, zwei Ladung, weiß gleich: gibt mehr Ladung. Kann ich vermitteln, mach ich aber nicht selbst. Wenn rauskommt, kennichdichnich. Sagstu mein Name, bistu Fleisch.
Gerhard Kroll: Nein, nein, sag ich nicht.
Iwan Smirnow: Gut.
Gerhard Kroll: Und Weg 2?
Iwan Smirnow: Auch schwierig. Brauchstu Schiff.

Gerhard Kroll: Woher nehm ich denn ein Schiff??
Iwan Smirnow: Was denkstu? Von mir. Schiff, Leute, Kapitän, alles. Altes Schiff, billiges Schiff. Machstu voll, fährt Schiff fort, Schiff sinkt.
Gerhard Kroll: Warum?
Iwan Smirnow: Wer weiß? Sturm, irgendwas. Scheißegal.
Gerhard Kroll: Klar, klar. Und die Umwelt?
Iwan Smirnow: Umwelt nicht gut. Aber Schiff ist sowieso alt. Muss weg, sinkt sowieso. Deshalb so billig. Kann Plastik mitnehmen. Nimmt so oder so was mit. Warum nicht dein Plastik?
Gerhard Kroll: Okay. Gut. Und die Besatzung?
Iwan Smirnow: Ist nicht gut, wenn zu viel Leute was wissen.
Gerhard Kroll: Die ertrinken?
Iwan Smirnow: Weiß ich nich. Bin ich nicht auf Schiff. Sind dann halt weg.
Gerhard Kroll: Ich bring doch keine Leute um!
Iwan Smirnow: Jajajajaja, schon gut. Aber weißtu: Leute, die Mund halten, sind teure Leute.
Gerhard Kroll: Wie teuer?
Iwan Smirnow: Sind Indianer.
Gerhard Kroll: Inder?
Iwan Smirnow: Genau. Aus Pakistan. Sicher so ... fünfzig Euro.
Gerhard Kroll: Herrgott, das zahl ich natürlich! Ich lass doch niemanden ersaufen wegen fünfzig Euro!
Iwan Smirnow: Können auch sechzig sein.
Gerhard Kroll: Egal! Dann ... dann machen wir das mit dem Schiff. Was kostet das dann ...?
Iwan Smirnow: Muss ich kalkulieren, kriegstu Preis. Aber machstu dir erst anderes Handy, rufstu mich an, geb ich dir andere Nummer, kriegstu Preis.
Gerhard Kroll: Ich besorge mir ein Zweithandy und rufe dann an?
Iwan Smirnow: Genau. Legich jetzt auf.
[ENDE]

An den Volksverfassungsschutz

Sehr geehrte Damen und Herren,

ich halte es für meine staatsbürgerliche Pflicht, Sie auf diesem unbürokratischen Weg von bedenklichen Vorgängen in unserer Firma, immerhin einem der 1.000 größten deutschen Unternehmen, in Kenntnis zu setzen.
Ich habe am vorigen Dienstag die Arbeitskollegen Zwerkov, Mergentheimer und Flaschner in einem höchst erregten Zustand angetroffen und deutlich gehört, wie Zwerkov meinte, so habe er „sich das alles nicht vorgestellt" und er sei ja auf einmal hier „der Arsch". Letzteres hat er mehrfach wiederholt, und die beiden anderen haben ihm zugestimmt. Ich habe mich dazugestellt und gefragt, worum es ginge, und dann sagte Mergentheimer, es ginge um die Migranten. Und wie ich bemerkt habe, dass ja nun schon seit längerem keine mehr da seien, also jedenfalls keine, die frei herumlaufen würden, da sagte Flaschner, „eben" beziehungsweise genau das sei ja das Problem.
Es stellte sich heraus, dass sich Zwerkov offenbar seit längerem bei Wohnungsbesichtigungen benachteiligt fühlt oder glaubt. Beziehungsweise anders benachteiligt, weil, früher hätten ja „die Kanaken alles verstopft". Nun hingegen, nach den Maßnahmen der Regierung, seien zwar die Kanaken weg, aber er, Zwerkov, habe den Eindruck, er hätte „irgendwie deren Platz" eingenommen. Früher, so Zwerkov, habe er die Wohnung zwar auch nicht bekommen. Aber bei Besichtigungen hätten ihn die Leute dort wenigstens wie einen möglichen Mieter betrachtet. Nicht nur die Vermieter, auch die erwähnten Kanaken selbst hätten gewusst, dass ihre Chancen sinken, wenn ein richtiger Deutscher käme. Und das hätte man „auch in

ihren Kanakenfressen gesehen, dass die wissen, dass da wer Besseres kommt". Nun hingegen, hätte er den Eindruck, nähme niemand mehr zur Kenntnis, dass da „wer Besseres" käme, im Gegenteil komme es ihm vor, als wäre auf einmal er, Zwerkov, selbst der „Kanake".

Ich würde Ihnen das nicht berichten, wenn nicht die Kollegen Mergentheimer und Flaschner zugestimmt hätten. Es wurde natürlich sofort die übliche Gerüchteküche angeworfen, jeder kannte jemanden, der keine Wohnung bekommen hatte. Als ob das nicht mal vorkommen könnte.

Und mit einem Namen wie Zwerkov sowieso.

Allerdings bekam alles sofort eine politische Ebene, weil die drei Herren der Ansicht waren, da sei doch „was am System" nicht in Ordnung, das „ganze System" sei „scheiße" (wörtlich!). Mit so vielen freien Wohnungen müsse doch das Angebot steigen und der Preis sinken, so sei es doch versprochen worden. Stattdessen würden die Wohnungskonzerne Wohnungen stilllegen beziehungsweise abreißen, um das Angebot wieder zu verknappen und die Erhaltungskosten zu senken. Ich möchte hier betonen, dass ich diesem Unsinn natürlich an keiner Stelle zugestimmt habe beziehungsweise. nur zum Schein, die drei Herren sind nicht die Klügsten im Unternehmen. Ich muss allerdings auch einräumen, dass mir an dieser Stelle keine gute Entgegnung einfiel, vermutlich bräuchte ich dazu bessere Informationen.

Ich würde Sie eventuell auch nicht benachrichtigen, wenn die fragwürdige Debatte an dieser Stelle beendet gewesen wäre. Es ist allerdings zwischenzeitlich der Kollege Schlange dazugekommen, er hat mehrfach genickt und dann unvermittelt gerufen: „Oder die Friseure!" Das wirkte praktisch wie ein Brandsatz, obwohl keiner der vier eine sonderlich aufwändige Frisur trägt. Die anderen drei reagierten mit empörten Schreien und Rufen: „Die Friseure! Die Friseure!", und es sei eine schlichte

Katastrophe. Zwerkov schrie, dass man praktisch nur noch deutsche Friseure fände, und was die verlangen würden, das könne sich doch kein Mensch leisten. Mergentheimer ergänzte: „Wenn man überhaupt drankommt! Wenn man überhaupt drankommt!" Schlange hetzte dann weiter: „Wie die einen schon ansehen, wenn man nur mal kurz schneiden lassen will." Es kann freilich sein, dass Männern das eher aufstößt, denn die teils beträchtlichen Summen, die dann genannt wurden, sind mir eigentlich nicht unvertraut. Die Stimmung war allerdings hier schon so aufgeheizt, dass der ebenfalls dazugekommene Kollege Koller ein Handyfoto von sich herumreichte und klagte: „Und wie man dann aussieht", woraufhin Flaschner doch tatsächlich explizit und wortwörtlich schrie: „Was gäbe ich für einen syrischen Friseur!"
Der Vorfall ereignete sich in der Raucherecke, es verwundert daher nicht, dass allmählich weitere Kollegen dazukamen. Aber die ebenfalls hinzuströmenden Nichtraucher hat wohl eher die Lautstärke neugierig gemacht. Der stellvertretende Abteilungsleiter Borst hat zwar begrüßenswerter Weise versucht, das Chaos wieder in gesittete Bahnen zu lenken, und dabei mehrfach auf die Vorzüge der neuen Regelungen hingewiesen, wurde aber unter anderem von Zwerkov dreist getadelt, er habe doch „überhaupt keine Ahnung". Und als der körperlich recht beeindruckende Kraftfahrer Rupprecht von Borst wissen wollte, wer ihn überhaupt nach seiner „dämlichen Arschmeinung" (sic!) gefragt hätte, hat Borst gesagt, er müsse zu einem Meeting. An dieser Stelle kamen auch von einigen Frauen aus den Sekretariaten zustimmende Bemerkungen dahingehend, dass früher die Leute noch froh gewesen wären, wenn sie jemanden gefunden hätten, der Deutsch spricht – nun aber, wo alle Deutsch sprächen, „die wo noch da sind" (Frau Lappert wörtlich!), nun würde auf einmal gemäkelt, wenn in „Rechtschreibing oder Grammatikalik" (sic!) Mängel zutage träten. Früher hätte man ja

gern mal dem ein oder anderen „Negerlein" geholfen, aber jetzt sei man ja praktisch selbst das Negerlein. Woraufhin etliche (Flaschner und Koller auf jeden Fall!) laut „genau!" sagten, und dass man so nicht gewettet habe.

An dieser Stelle hat dann Mergentheimer angeregt, man möge vielleicht etwas leiser sprechen und ein wenig darauf achten, was man sage. Worauf Zwerkov fragte, wieso, man „wäre ja wohl hier unter sich". Mergentheimer (dessen Vater meines Wissens ein Grüner war) stimmte ihm halbherzig zu, aber man wüsste ja nie, und er wolle nur mal dezent an den Kollegen Kreisler erinnern, der seit dem Zwischenfall damals auffallend still geworden sei. Hier schaltete sich wieder Frau Lappert ein und zeterte, das sei auch so eine Unverschämtheit, man habe doch schließlich gewählt, damit man wieder offen sagen könne, was man denkt, und nicht, damit man lange nachdenken müsse, was man sagt. Das gab jetzt eine gewaltige Zustimmung, und Flaschner sagte, dass es ihm allmählich reiche, und wo käme man denn da hin, und dass man früher, als man nichts mehr sagen durfte, immerhin noch alles sagen durfte, aber dass man jetzt, wo man alles sagen dürfe, eigentlich zunehmend nichts mehr sagen dürfe. Und in dem Moment trat Gott sei Dank der geschätzte Kollege Siegburger hinzu und sagte sehr laut: „Nämlich zum Beispiel was?"

Ich bin sicher, dass Sie der Kollege Siegburger, dessen beherztes Eintreten ich an dieser Stelle noch mal ausdrücklich hervorheben und begrüßen möchte, ausführlich unterrichtet hat. Ich kann mir aber vorstellen, dass der Kollege Siegburger (nachdem man ja allgemein weiß, dass er kandidiert und auch weitreichend vernetzt ist) wesentliche Passagen des vorhergehenden Gesprächs nicht mitbekommen haben dürfte und daher das von ihm weitervermittelte Bild über die teilweise bedenklichen Gedankengänge unserer Arbeiterschaft (ohne sein Verschulden) unzureichend bleiben muss. Insbesondere die unvermutete Rädelsführerschaft der Kollegin Lappert und die Unaufrichtigkeit des Kollegen Mergentheimer können ihm eigentlich nicht bekannt gewesen sein, die waren mir selbst völlig neu.

Bei Flaschner konnte man so was hingegen erwarten, das ist eine sehr zwielichtige Figur, den müssen Sie im Auge behalten. Sein gutes Aussehen täuscht über manches hinweg, und seit er mit diesem Flittchen Schlüter zusammen ist, können Sie sich ja denken, wo das vermutlich hinführt. Aber auch das mangelnde Durchsetzungsvermögen des stellvertretenden Abteilungsleiters Borst war mir in dieser Deutlichkeit nicht bekannt und dürfte eventuell auch Ihnen neu sein. Ich weiß ja nicht, was Sie da alles interessiert und gesammelt wird, ich dachte nur, ich sage Ihnen beiläufig mal Bescheid. Jedenfalls können Sie sich jederzeit auf mich verlassen.

PS: Es würde mich sehr freuen, wenn Sie mich im Hinterkopf behalten würden, falls in Innenstadtnähe demnächst zufällig eine Wohnung frei wird. Von der Größe her brauche ich nichts Besonderes, es genügen drei Zimmer, achtzig Quadratmeter, vielleicht noch mit Balkon, im Prinzip so ähnlich wie das Appartement der Kollegin Lappert.

S. W.

Bürgermeisteramt

Ihr Ansprechpartner:
Frau Klatterer

Neues Rathaus
An der Maximilianswiese 1
83612 Großschöpping

Verteiler:
Fraktionsvorsitz SPD
Freie Wähler
AfD
FDP (VS-Vertraulich)

(08037) 95-101
(08037) 95-191
E-Mail: Sekretariat@gemeinde-grossschoepping.de
Buergermeister@gemeinde-grossschoepping.de

Betreff: Außerordentliche Haushaltssitzung

Liebe Kollegen und Kollegen,

anlässlich des neuen Informationsstands der Stadtkämmerei rege ich dringend an, noch vor der Sommerpause eine außerplanmäßige Gemeinderatssitzung einzuschieben (Terminvorschläge folgen). Wie mir Kämmerer Heubl nochmals versichert hat, ergeben sich durch die neuen, per se eher unerfreulichen gesetzlichen Vorgaben zur Umstrukturierung der deutschen und europäischen Wintersportgemeinden innerhalb der nächsten fünfzehn Monate unerwartete Okkasionen, die allerdings rasches und entschlossenes Handeln von der Politik (uns!) erfordern.

Wie Sie alle wissen, hat sich der Gesetzgeber unverantwortlicherweise entschlossen, die Förderung des Wintersporttourismus in der bisherigen Form auslaufen zu lassen. Zuschüsse, sei es für den Bau von Seilbahnen, den Betrieb von Beschneiungsanlagen oder auch für jede Form von Beschäftigungs- und Marketingmaßnahmen, werden in absehbarer Zeit wegfallen. Wie mehrfach durchgerechnet, ist das Umlegen der fehlenden Fördermittel auf die Skigäste illusionär, allein schon die Strom- und CO_2-Zwangsabgaben für den Kunstschnee machen das Skifahren ohne Förderhilfen für den Normalbürger unbezahlbar. Dass Berlin und Brüssel das egal ist, wundert nicht, dass aber inzwischen sogar unsere eigene Landesregierung wegen grade mal einem Dutzend milden Wintern ins selbe Horn stößt – unbegreiflich. Nun gut, verschüttete Milch.

Erfreulicher ist, dass die von uns dringend eingeforderten Entschädigungsmaßnahmen in ungewöhnlichem Umfang durchgekommen sind. Dies gilt insbesondere für die Stilllegungsprämien in der Gastronomie, der Hotellerie und bei den Seilbahnen.
Ich will hier nicht näher auf die fragwürdigen Modelle eingehen, die derzeit unter Wirten und Hoteliers kursieren, denen zufolge es möglich sein soll, Hotels in Restaurants und Restaurants in Hotels umzuwidmen und die Prämien mehrfach abzurechnen. Ich halte wenig davon und weise hier nochmals darauf hin, dass böswillige und engstirnige Beobachter da schnell mit Betrugsvorwürfen zur Hand sein können, also: Augen auf! Die Sache mit den Seilbahnen ist jedoch hieb- und stichfest.

Fakt ist: Durch vorteilhafte Wahl der jeweiligen Zeitfenster ist es jetzt für einen Zeitraum von fünfzehn Monaten möglich, nicht nur die Genehmigung, den Bau und den Betrieb von Seilbahnen von Bund und Land (!) im Rahmen der auslaufenden Regelungen großzügig bezuschussen zu lassen, sondern durch die neuen Regelungen auch deren anschließende Stilllegung. Wie die Stadtkämmerei bereits vertraulich berechnet hat, kann dies nicht nur zu einer erfreulichen Zunahme der Bautätigkeit in unserer Region führen und dadurch zu Investitionen in mindestens achtstelliger Höhe. Es ist dabei sogar ein Überschuss für die Stadtkasse im unteren bis mittleren sechsstelligen Bereich zu erwarten. Dies gilt wohlgemerkt, so versicherte mir Kämmerer Heubl vertraulich, pro Seilbahn.

Daher, liebe Kollegen, möchte ich anregen, verschiedene Maßnahmen zum Nutzen unserer schönen Gemeinde noch vor der Sommerpause zu verabschieden. Als da wären:
– Die Sanierung und den Ausbau der bestehenden Seilbahnen zum Großkopf, Kopplerkopf und zur Gratlalm (fristgerechter Ausbau beziehungsweise Erweiterung berechtigen noch zu erhöhter Stilllegungsprämie).
– Die unbürokratische Genehmigung des Neubaus der Seilbahnen zum Reckenkofel, zum Schnattlerfall, zum Doppelkopf (Ost- und Westflanke) sowie auf die Moosbichlerspitze durchs Kälberertal. Letzteres bitte vorher mit der Unteren Naturschutzbehörde abklären (dabei auf den sofortigen Wiederabriss hinweisen, das Ding kann praktisch nach vierundzwanzig Stunden wieder weg, es muss allerdings mindestens eine Fahrkarte verkauft werden. Für Renaturierung Gartenbaubetriebe Baierl, Höferl und Hochleitner-Yildiz vorbereiten – rascher Beginn gibt fröhliche Gesichter und gute Presse). By the way: Renaturierungsmaßnahmen, die sich übrigens für EU-Förderprogramme geradezu anbieten, kommen noch on top!

– Die außerplanmäßige Ausweitung des städtischen Kreditrahmens (die staatlichen Zuschüsse fließen bekanntlich nur, wenn wir unsererseits in Vorleistung gehen). Aber: Risiko praktisch null, Sparkasse sichert bereits zu (Vorstand Gruberer, Golfplatzeinweihung), dass die zu erstellenden Seilbahnen sofort als Sicherheit anerkannt und belastet werden können.

Weniger dringlich, aber ähnlich empfehlenswert scheint mir, die Umwidmung einiger Abfahrten zu Strecken für den Bergabsprung-Sport (sogenanntes Kangarooing beziehungsweise Rooing, auf Deutsch: die Scheißhupferer) noch einmal im Lichte der europäischen Restrukturierungsmaßnahmen zu betrachten. Die Zahl der Verletzungen ist zwar hoch, aber die Umschulungen werden bezahlt, und die Skigeschäfte hätten auch wieder einen neuen Schmarrn zu verkaufen. Wenn's was wird, müsste man nur darauf achten, dass die nötigen Hotels rechtzeitig wieder Wirtschaften sind und umgekehrt.

Habe die Ehre

Alfred Bauerer
Bürgermeisteramt

Liebe Isabella,

zuallererst: Es tut mir schrecklich Leid, dass die Sache so unerfreulich geworden ist. Ich kann Dir versichern, ich bin selbst aus allen Wolken gefallen. „Übernahme", wie das schon klingt! Und obwohl bei mir nicht zweihundert Jahre Familienunternehmen auf dem Spiel stehen wie bei Dir, so sind es doch auch knapp hundert. Unter uns: Ich bin nur froh, dass Papa das nicht mehr mitbekommt, da geht es Dir sicher ähnlich. Meine Vorstände haben jedenfalls genauso ratlos geglotzt wie Deine Vorstände, ich frage mich wirklich, wozu ich diese Leute bezahle. Aber bevor die große Suche nach dem Schuldigen losgeht, sage ich's Dir lieber gleich: Ausgelöst, so fürchte ich, habe das alles wohl ich. Versehentlich, wirklich!

Drauf gebracht hat mich eines der Kinder, es hieß, Need2Know sei der neue heiße Scheiß. Ich hab's dann mal gesucht, und tatsächlich steckt hinter dieser Marke ein ganz neues Konzept. In den Augen von Need2Know leben wir in einer anstrengenden, unübersichtlichen Welt, in der auch noch dauernd Neues passiert. Und das nervt. Das bewerben die auch offensiv: Das Internet ist für die kein Ort, wo man sich neugierig umsieht, sondern ein Zimmer, wo dauernd die Tür aufgerissen wird und Leute was reinbrüllen. Ständig weiß wer was. Firmen, Freunde, Follower – alle. Und dadurch, sagen sie, hat man das Gefühl, man müsste auch alles wissen und mitkriegen. Und müsste dauernd anderen Leuten hinterhersurfen und hinterherhören und hinterherlesen.

Aber sie sagen auch: Das meiste von dem, was einem gesagt wird, ist eigentlich unwichtiger Scheiß, wie Fotos von einem Mittagessen. Man könnte es genauso ignorieren, aber wenn Du Pech hast und keine Fotos von Mittagessen anschaust, dann ist am nächsten Tag genau dieses Mittagessen Tagesgespräch, und Du stehst da wie ein Idiot. Du musst also Serien sehen und Podcasts und Influencer und TikTok. Aber jeder Podcast dauert eine halbe Stunde, jede Serienfolge fünfundvierzig, sechzig Minuten. Du hast überhaupt keine Chance, das alles anzuglotzen. Und die Hälfte davon ist ja sowieso entweder erlogen oder von Künstlicher Intelligenz oder von Künstlicher Intelligenz erlogen oder vollgestopft mit Werbung. Es gibt ja inzwischen Leute, die fangen an, Serien durchzuzappen, sie schneller anzusehen, das Internet abzuarbeiten, als wäre es eine einzige lange, quälende Hausaufgabe. Und die Leute denken immer öfter, wie schön das wäre, wenn das Netz mal einen Tag lang kaputt wäre, dann wäre endlich Ruhe, und man müsste nichts tun.

Und ich lese mir das so durch und denke: Stimmt eigentlich irgendwie. Und ich hab wahrscheinlich dasselbe gedacht wie Du jetzt, nämlich: Toll, Need-2Know ist sicher eine App, die das Internet abschaltet. Wie Nordkorea oder China, aber irgendwie in positiv. Es ist aber noch viel unglaublicher als das. Need2Know behauptet, sie wüssten, was Du wissen musst.

Also: Die schauen sich die Welt an, und dann sagen sie Dir, was wichtig ist, und dann war's das für den Tag. Und ich denke mir sofort dasselbe wie Du: Klingt gut, aber woher wollen die wissen, was wichtig ist? Und jetzt wird's spannend:

Die beschäftigen dafür Leute, die die Welt „scannen". In Anführungszeichen,

schreibe ich, weil die das nicht nur am Bildschirm machen. Wenn etwas interessant ist, dann haben die Leute, die da hingehen. Der helle Wahnsinn, wenn man bedenkt, wie viele Leute man da braucht, die Welt ist ja groß. Aber der noch hellere Wahnsinn ist: Die haben irrsinnig viele Leute. Menschen, keine Bots. Denen die Gehälter bezahlen. Also, richtige Gehälter, nicht so wie bei uns online. Ich hab welche von diesen Leuten getroffen, die treten auch ganz anders auf. Nicht so dieses Gebückte, Servile, Dienstleisterische, sondern irgendwie mehr wie Ermittler, offen, skeptisch und stolz drauf. Berufsbezeichnung habe ich mir nicht notiert, irgendwas Technisches, aber sie nennen sich „Needles", klar, ein Wortspiel. Stimmt ja auch, weil sie überall reinstechen. Dabei sammeln die nicht nur, was sie so im Netz finden, die gehen raus und schleppen auch irgendwelche Geschichten an, von denen vorher keiner gewusst hat. Die gehen vielleicht zu einem Kleingartenstreit, und wenn sie da über Giftmüll stolpern, dann schreiben die das auch noch. Die suchen sogar selbst, aktiv. Klar, bei dem Gehalt kann man das erwarten. Es scheint aber doch für Need2Know irgendwie rentabel zu sein, weil erstaunlich viel von dem, was diese Leute dann anschleppen, richtig spannend ist. Aber klar, schweineteuer. Vor allem, wenn man bedenkt, um wie viele Themen die sich kümmern.
Ich meine, da sind natürlich die ganzen Influencer-Sachen drin, aber Politik, Wirtschaft, Sport, Kultur, einfach alles. Die lesen für Dich Bücher, die sehen Serien, Podcasts, was Du willst. Das geht, weil die lauter Spezialisten haben. Die machen den ganzen Tag nichts anderes als Sport oder Politik oder Serien. Das müssen richtige Fachleute sein.
Und all das könnten wir prinzipiell auch machen: Man kopiert einfach alles.

was man findet, auf unsere Shopsite, im Netz ist ja endlos Platz. Aber deren Trick ist: Die nutzen gar nicht alles, die sortieren sogar das meiste aus. Weil sie den Leuten nicht mehr als eine halbe Stunde am Tag wegnehmen wollen. Die erstellen viel, zu viel, Material, und nehmen hinterher nur das Allerbeste. Wahnsinn. Ich hab mich sofort gefragt, wer denen das zahlt, und der Hammer ist: die Kunden.

Die zahlen da sogar richtig viel, dafür. Weil es ihr Leben spürbar einfacher macht. Und weil sie das gute Gefühl kriegen, dass sie nicht mehr allem selbst hinterherlaufen müssen. Denn das Produkt hat so gut wie immer recht: Sie erfahren tatsächlich genau das, was wichtig ist. Wie das geht, war mir ein Rätsel. Die können doch nicht wissen, welche Geschichten sich die Leser so raussuchen. Aber da geht's schon los: Der Leser kann sich überhaupt nichts raussuchen.

Das Einzige, was sie bei Need2Know variieren: Es hängt ein bisschen davon ab, wo man wohnt. Weil sie herausgefunden haben, dass Geschichten aus der Nähe für die Leser wichtiger sind. Also gibt es für verschiedene Regionen jeweils ein Need2Know. Für alle Leser das gleiche Produkt. Und nur einmal am Tag! Diese Needle hat mir sogar gesagt, dass damit die ganze Sache steht und fällt. Denn, sagt die Needle, sie würden doch verdammt noch mal dafür bezahlt, dass sie eine Mahlzeit servieren, und nicht dafür, dass sie den Leuten einen Topf in die Hand drücken und ihnen zeigen, wo die Küche ist. Erstaunlicher Gedanke.

Na ja, und dann hab ich gedacht, vielleicht sollte man irgendwie in die investieren. Sechsstellig, vielleicht eine Million, für alle Fälle. Weil das nach einem wirklich erstaunlichen Konzept klingt. Ich habe dann der Needle auch ein bisschen von uns erzählt, die wirkte eigentlich nett, aber im Nachhinein bin ich nicht sicher, wer da wen ausfragte. Und inzwischen glaube ich sogar, dass die das weitergegeben hat. Deshalb auch deren Übernahmeangebot vom Anfang der Woche. Die wollen uns schlucken, vor allem unsere Domains. Und bei den Größenverhältnissen: Wenn die wirklich wollen, können wir das gar nicht verhindern.

Ich hab jedenfalls schon mal den Gärtner gekündigt.

Nun gut, denke ich mir, das ist bitter, aber wenn man von einer genialen Idee verdrängt wird, was will man machen? Das hab ich diesem Needle-Miststück übrigens auch geantwortet, als sie irgend so was geschrieben hat wie „sorry" und den ganzen scheinheiligen Mist. Und sie hat geantwortet, sie verstünde nur eines nicht: Warum wir aus der Sache mit Amazon nichts gelernt hätten. Es hätte doch da in Deutschland so einen Laden namens Quelle gegeben. Der hätte dasselbe gemacht wie Amazon, und zwar zig Jahre früher, und sie hätten eigentlich nur ihren berühmten Katalog ins Internet stellen müssen. Dann wäre Quelle das Amazon von heute. „Aha", sag ich, „und was hat das mit uns zu tun?"

Na ja, meint sie, wir hätten doch auch nicht als Versand für Wein und Mondrian-Handtaschen und Bildungsreisen angefangen. Sondern als Tageszeitung.

Ich hab echt keine Ahnung, was sie damit meint.

Oliver

Herzlichen Glückwunsch, Sie haben sich für Ihr persönliches BBbyDesign® entschlossen. Das freut uns nicht nur als Hersteller, es zeugt auch von Ihnen als Eltern mit Verantwortungsbewusstsein. Sie sind vorausschauend, liebevoll, herzlich und wissen, dass Eltern nicht nur mit dem Herzen, sondern auch mit dem Kopf lieben müssen. BBbyDesign® wird Sie dabei in jeder denkbaren Hinsicht unterstützen. Die gute Nachricht: Die glückliche Zukunft Ihrer Familie ist mit BBbyDesign® nicht mehr dem Zufall oder dem Schicksal überlassen – die glückliche Zukunft liegt in Ihrer Hand. Sie können die Parameter festlegen, mit denen Ihr Kind genau die Startvoraussetzungen erhält, die Sie wünschen.

Bitte geben Sie nur einen Fragebogen ab und stimmen Sie die Antworten dazu mit allen für die Elternschaft in Frage kommenden Personen ab.

1. **Vorname** _____
   Name _____
   Kundennummer _____

2. **Geschlecht des Kindes**[1]
   a) Weiblich
   b) Männlich

---

[1] Die Festlegung auf »Junge« oder »Mädchen« ist keinesfalls als Ablehnung nichtbinärer Identitäten zu verstehen. Der Gesetzgeber lässt derzeit jedoch – anders als bei Hunden – noch keine geschlechtslosen Kinder zu. Da auch das Konzept des jederzeit änderbaren Genderslots auf Modulbasis vor dem EuGH umstritten ist, kann auf die frühzeitige Festlegung »Junge/Mädchen« derzeit noch nicht verzichtet werden. Sie ist nicht wertend zu verstehen, nicht bindend und technisch gesehen operativ beliebig oft revidierbar (mehr als zweimal pro Jahr nicht empfohlen).

3. **Aussehen bei Geburt**[2]
   a) Ganz der Vater
   b) Ganz die Mutter
   c) Mehr wie … (Foto hochladen, Tiere nicht zulässig. Hunde gelten als Tier)

4. **Wann soll das Kind Geräusche machen?**[3]
   a) Egal
   b) 3 Minuten à 80 Dezibel, jeweils zur vollen Stunde
   c) 60 Minuten am Stück, jeweils um __ Uhr
   d) Alle drei Tage 180 Minuten durchgehend

5. **Welcher Aussage stimmen Sie am ehesten zu:**
   a) Unser Kind soll so sein wie die anderen.
   b) Unser Kind soll **nicht** so sein wie die anderen.
   c) Unser Kind soll etwas ganz Besonderes sein, aber normal.

6. **Bitte verorten Sie auf der Leiste die körperlich-geistige Regsamkeit Ihres Wunschkindes:**

Koksender Schimpanse
im Hornissennest
                                                                Klumpen Lehm

---

[2] Farben, Maße und Persönlichkeit werden den Kundenwünschen bestmöglich angepasst. BBbyDesign® ist stolz darauf, eine Parametertreue von 97,8 Prozent durch Studien bestätigen zu können. Dennoch bleiben die Werte unverbindlich und können im Einzelfall erheblich abweichen. Die unterzeichnenden Kunden sind sich dennoch im Klaren darüber, dass sich daraus weder ein Erstattungsanspruch, ein Umtauschrecht noch ein Umgehen der Abnahmeverpflichtung ableiten lasst.

[3] Leichte Abweichungen in der Praxis möglich. Die zu verteilende Gesamtlärmmenge beträgt im ersten Jahr durchschnittlich 60 min à 80 dB. Geringere dB-Zahl erfordert längere Geräuschdauer. Der Gesetzgeber ermöglicht keine völlige Geräuschfreiheit von Kindern, eine zeitliche Festlegung der Emissionen ist jedoch zulässig. Anwesenheit eines Elternteils bindend. Option d) nur mit Premiumhals »Jericho« verfügbar.

7. **Aufgrund der Berechtigung von Kindern, Fehler zu machen[4], sind diese gemäß EU-Rechtsprechung zu tolerieren. Sie können jedoch festlegen, welche Reaktion das Kind bei Fehlern zeigen soll:**
   a) Heitere Gelassenheit, sofortige Wiederholung
   b) Weinen, Zerknirschtheit, Zuflucht in Scheinwelten
   c) Wut, Aggression, Vandalismus (mittelschwer)
   d) Bittere Reue, allmählicher Wandel zu unauslöschlichem Selbsthass

8. **Was soll Ihr Kind in Ihnen sehen?**
   a) Mütterliche Freundin/väterlichen Freund
   b) Strenges Kuscheltier
   c) Überlegenen, allwissenden Anführer, der das Leben des Kindes jederzeit auslöschen kann
   d) Alles zusammen, aber so, dass die Nachbarn es gut finden beziehungsweise nachahmen

9. **Welches der folgenden Instrumente soll Ihr Kind spielen beziehungsweise beherrschen?[5]**
   a) Geige
   b) Klavier
   c) Das mit den Knöpfen
   d) Summen

10. **Welche der folgenden Komponenten dürfen in Ihrem Kind enthalten sein?**
    a) Samsung
    b) Apple
    c) Rheinmetall Kids
    d) Spuren von Erdnüssen und Fischmehl

---

4 Kinder haben laut Rechtsprechung das Recht zur Produktion von mindestens 24 größeren Fehlern pro Jahr. Die Fehlerproduktion ist nicht verpflichtend. Keine Rückvergütung für ausbleibende Fehler.

5 Die Begriffe »Geige«, »Klavier« und »spielen« sind symbolisch zu verstehen. BBbyDesign® übernimmt keine Garantie, dass kinderseits ein tatsächliches Geigen- oder Klavierspiel stattfindet. Das Vorhandensein koordinativer und körperlicher Fähigkeiten entbindet die Eltern nicht davon, dem Kind Unterricht zu ermöglichen bzw. ihm von der Existenz von Musikinstrumenten zu berichten.

11. Bitte tragen Sie auf der Leiste ein, in welchem Umfang Sie die Kindesentwicklung zu steuern wünschen:

───

Detailtiefe Steuerung inkl. Farbe der Zahnbürste   Werkseinstellungen

12. Welche Erfolgsorientierung wünschen Sie von Ihrem Kind?
   a) Gib einfach dein Bestes.
   b) Deine »Freunde« sind Mitbewerber.
   c) Verlieren ist keine Option.
   d) Tanze auf ihren Gräbern.

13. Thema Sport: Welche Disziplin soll Ihr Kind bevorzugen?
   a) FIFA
   b) Fortnite
   c) Counter-Strike

14. Ist das Aufwachsen als Scheidungskind angedacht?
   a) Ja
   b) Nein
   c) Derzeit wieder nicht

15. Welche künftige Wahlentscheidung soll Ihr Kind gegebenenfalls treffen?[6]
   a) Dieselbe wie wir
   b) Die gegenteilige
   c) Es gibt Wahlen?

16. Wünschen Sie eine vorinstallierte sexuelle Aufklärung?
   a) Ja
   b) Nein
   c) 50:50-Joker

───────────

[6] Frage nicht bindend in Russland, Ungarn, Türkei, Italien, Thüringen. Beantwortung auf eigene Gefahr.

17. Soll die Fernbedienung nachrüstbar sein?
   a) Ja
   b) Nein
   c) Nicht jetzt entscheiden (erneute Abfrage in sechs Monaten)

18. Bitte wählen Sie die bevorzugte Form der Ritalinzufuhr
   a) Tabletten
   b) Spritzen
   c) Interne Pumpe

19. Kleinere Probleme fördern die gesunde Kindesentwicklung. Bitte wählen Sie mindestens zwei, höchstens vier
   a) Fettige Haare
   b) Liebeskummer
   c) Karies
   d) Lesen-Schreiben-Rechnen (nur als Paket buchbar)
   e) Haustier stirbt
   f) Mundgeruch
   g) Kein Netz

20. Bitte wählen Sie das bevorzugte Akne-Outlet
   a) Stirn
   b) Gesicht allgemein
   c) Gesäß
   d) Rücken/Schultern
   e) Körperfalten
   f) frei wechselnd

21. Suchtpräferenz (vorgeschrieben nach dem Bessere-Planbarkeits-Gesetz für Suchttherapie, bitte nur ein Kreuz)
   a) Alkohol
   b) Sex
   c) Heroin
   d) Tabak
   e) Mager

- f) Fett
- h) Ritzen
- i) Twitter (früher X)
- j) _____

   (eigener Wunsch, wenn unerfüllbar Standardsucht a))

22. Die Zugehörigkeit Ihres Kindes zu welcher Gruppe ist für Sie am ehesten vorstellbar?
- a) Hater
- b) Opfer

23. Welche Erziehungsmethode fällt Ihnen am leichtesten und soll daher am besten wirken?
- a) Wochenlanges Schweigen
- b) Langes und ausdauerndes Schlagen
- c) Das Kind verletzt ansehen und sagen: »Etwas zwischen uns ist zerbrochen.«
- d) Das Kind verachten, ab sofort nur noch mit »Knacki« ansprechen
- e) Den Ehepartner verlassen, dem Kind die Schuld geben

24. Kinder und Karriere: Welche Position soll Ihr Kind einmal innehaben?
- a) Mitläufer
- b) Minderbelastet
- c) Belastet
- d) Hauptschuldiger

25. Ist eine Form des religiösen Fanatismus gewünscht?
- a) Ja
- b) Nein
- c) Etwas

26. Bitte verorten Sie auf der Leiste: Welches Gefühl soll Ihrem Kind am häufigsten begegnen?

Mitleid   Hass

27. Ab welchem Alter soll Ihnen das Kind Enkel schenken?[7]
  a) 16
  b) 18
  c) 49

_____   _____

(Ort, Datum)   (Unterschrift aller beteiligten Eltern)

                                      _____

                                      _____

---

7 Nicht vergessen: Eltern, die selbst aus dem BBbyDesign®-Programm stammen, erhalten 20 Prozent Preisnachlass für das erste Kind, 25 Prozent für das zweite und 30 Prozent für jedes weitere Kind.

Lesen Sie hier das Videotranskript

00:00 Markus Lanz: Die bundesdeutsche Parteienlandschaft wird noch unübersichtlicher. Die aus Österreich stammende „LebensRettung" holt aus dem Stand 7,3 Prozent in Mecklenburg-Vorpommern, 9,4 Prozent in Niedersachsen. In der Sonntagsfrage liegt sie bei 8,7 Prozent, Tendenz steigend. Was steckt hinter der Partei? Mit uns diskutieren Dr. Herbert Grach, Bundesvorsitzender der „LebensRettung", und Cem Özdemir, der große alte Mann der Grünen …

00:20 Cem Özdemir: … nicht sooo groß …

00:21 ML: … aber alt …?

00:23 CÖ: … alt meinetwegen …

00:25 ML: Was uns geradewegs zum Thema bringt. Herr Dr. Grach, ist Herr Özdemir in Ihrer Zielgruppe?

00:33 Herbert Grach: Aber sicher. Wir schließen niemanden aus.

00:38 ML: Umfragen sehen Sie und Ihre „LebensRettung" bei der nächsten Bundestagswahl bei beinahe zehn Prozent, dabei haben Sie weder ein Parteiprogramm noch eine nennenswerte Haltung zur Außenpolitik. Sie haben nur ein einziges Thema, und das wird von praktisch sämtlichen Experten als unseriös bezeichnet ….

00:49 HG: … eine Schmierenkampagne …

00:51 ML: Sie behaupten, der Tod sei unnötig.

00:55 HG: Das zitieren Sie falsch: Wir sagen, der Tod ist inakzeptabel.

00:59 ML: Das ist Haarspalterei. Beides ist nicht wirklich sinnvoll.

01:05 HG: Das sagen Sie.

01:10 ML: Sie auch. 2024 gab's schon die „Partei für schulmedizinische Verjüngungsforschung", Sie selbst haben in Interviews gesagt: „eine Spinnerpartei voller Scharlatane".

01:19 HG: Das kann man nicht vergleichen. Diese Leute haben einfach Unsinn erzählt. Wir hingegen reden von einem dringenden Wunsch der Bevölkerung. Und die etablierten Parteien müssen sich fragen lassen, ob sie weiterhin an ihren Wählern vorbei- regieren wollen. Wir befragen unsere Basis regelmäßig, und die Auswertungen ergeben stets eine umfassende Ablehnung des Todes. Und das in jeder bekannten Form.

01:45 ML: Mag sein, aber alle anerkannten Experten sagen …

01:50 HG: Die haben auch gesagt, man müsste TikTok abschaffen, und wer hat jetzt Recht? Sehen Sie, die Zeiten haben sich einfach geändert: Wir wählen den Online-Anbieter, den Autoverleih, den Partner, den Beruf. Alles. Sogar unser Geschlecht. Da ist es ganz klar, dass die Leute mit dem Leben in der angebotenen Form nicht mehr zufrieden sind.

02:10 ML: „Angebotene Form" ist gut. Welche Formen gibt es denn sonst noch?

02:17 HG: Da berühren Sie einen ganz wichtigen Punkt, Herr Lanz: Das Leben ist praktisch das letzte noch existente Monopol, und das ist heute einfach nicht mehr angemessen. Man kann sogar sagen: Die Menschen, die Kunden sind einfach nicht mehr bereit, sich so behandeln zu lassen. Und schon gar nicht zu diesem Preis. Da ist es Zeit für den Wechsel zu einem anderen Anbieter.

02:34 ML: Gibt es die nicht längst?

02:38 HG: Meinen Sie Kryonik? Kranke Leute lassen sich einfrieren?

02:45   ML: Manche machen das.

02:49   HG: Die Leute sollen ein schadhaftes Produkt behalten, und die Garantie wird auf ungewisse Zeit verschoben? Das halten Sie für eine Alternative?

03:02   ML: Ist es denn keine?

03:06   HG: Indiskutabel. Ohne jede Qualitätskontrolle. Überlegen Sie mal: Jemand verliert in der Bronzezeit sein Bein und lässt sich einfrieren, und dann wecken sie ihn im Dreißigjährigen Krieg auf, weil sie glauben, sie haben das Problem gelöst. Wie sieht die Lösung aus? Ein Holzbein! Das kann's ja wohl nicht sein, oder?

03:29   ML: Oder Virtual Reality. I-Witness.

03:34   HG: Virtual Reality ist Opium fürs Volk. Da gilt ja auch nur: Man soll das minderwertige Produkt behalten, darf aber so tun, als hätte man ein anderes. Sie sind im Lokal und bekommen einen Dreckswein. Der Kellner sagt: Sie dürfen sich dafür jeden anderen Wein – vorstellen. Sind Sie zufrieden?

03:57   ML: Aber um im Bild zu bleiben: Es gibt keinen anderen Wein.

04:02   HG: Ist das unsere Schuld?

04:06   CÖ: Es ist Ihnen klar, dass Sie hier mit ungedeckten Schecks arbeiten, oder?

04:13   HG: Fragen Sie unsere Wähler: Keiner beklagt ungedeckte Schecks.

04:20   CÖ: Entschuldigen Sie, dass ich mich einmische, aber das kann man doch nicht einfach so stehen lassen.

04:31   ML: Schon in Ordnung. Was passt Ihnen nicht an den Aussagen, Herr Özdemir?

04:39 CÖ: Einfach alles. Das sind einfach nur ein paar ganz Schlaue. Cleverle, sagt man bei uns. Die haben festgestellt, dass es eine Klientel gibt, die den Klimawandel und Migration nicht akzeptiert, die militärische und andere Notwendigkeiten bestreitet, und jetzt entdeckt: Denen kann man auch erzählen, der Tod sei nicht notwendig.

05:06 HG: Ja, ist er's denn?

05:10 CÖ: Ich werde mit Ihnen diesen Quatsch nicht diskutieren. Aber sehen Sie sich doch um: Wer nimmt Sie denn ernst?

05:19 HG: Die Wähler, zum Beispiel. Die Medien nicht, aber von denen erwarten wir nichts anderes. Und trotzdem werden Sie doch zugeben müssen, dass auch das Verhalten Ihres Senders in dieser Sache extrem ungewöhnlich ist.

05:38 ML: Unser Sender? Inwiefern?

05:43 HG: Sie stellen sich hin und sagen: „Der Tod ist notwendig."

05:47 ML: Das sagte Herr Özdemir.

05:53 HG: Und Sie bestreiten es nicht. Wenn aber dasselbe bei anderen Produkten auftritt, reagieren Sie ganz anders. Giftrückstände in Lebensmitteln, Geschirrspüler, die nach wenigen Jahren kaputtgehen – da kommen Sie sofort mit Verbraucherschutz.

06:14 ML: Sie fordern Verbraucherschutz für das Leben?

06:21 HG: Tun Sie doch nicht so, als wäre das völlig neu. Jeder Staubsauger hat zwei Jahre Garantie, diese ganzen Leben hingegen – keine zehn Minuten. Es gibt Menschen, die kommen bereits bei der Geburt ums Leben, und alle tun so, als wäre das normal. Aber überlegen Sie mal, wenn es eine Gewährleistungspflicht für das Leben gäbe. Dann müssten die Leute nicht mehr in so einem Zustand herumlaufen.

07:03 ML: Der Zustand geht eigentlich.

07:10 HG: Der Zustand ist ein Witz, und Sie wissen es. Der menschliche Körper, wie wir ihn heute kennen, ist auf Verschleiß gebaut, aber sobald Sie den Markt öffnen, werden Wettbewerber andere Lebensmodelle anbieten. Siebzig, neunzig, hundertfünfzig, zweihundert problemlose Jahre. Noch vor der ersten Inspektion …

07:58 CÖ: Von welchem Markt reden Sie denn?

08:06 ML: Und von welchen Wettbewerbern?

08:11 HG: Aha! Sie wissen es also beide: Wir haben hier ein unzulässiges Monopol. Und dass es keine anderen Anbieter gibt, ist eine direkte Folge dieses Monopols. Warum tun Sie also nicht, was Sie in jedem anderen Fall tun würden? Es gibt ja Wettbewerbsbehörden. In Deutschland: das Bundeskartellamt.

08:49 CÖ: Das ist dreistester Populismus!

08:53 HG: Nur weil Sie es sich nicht vorstellen können. In den 90ern ahnte kaum jemand, wie viele Anbieter für Telekommunikation es mal geben würde. Wie günstig deren Dienstleistungen eines Tages sein würden. Und wie sieht der Markt heute aus? Es ist unsere Entscheidung, ob wir den Markt öffnen oder weiterhin eine Lebensqualität haben auf dem Niveau der Automobilindustrie der DDR. Und Sie stellen sich hin und sagen: „Andere Autos gibt's nicht." Die gibt es, wenn man die Mauern einreißt. Was wir brauchen, ist eine Liberalisierung des Lebensmarktes.

09:48 ML: Lassen Sie uns die Angelegenheit mal versachlichen: Das Leben entsteht nun mal, wie das Leben entsteht – wie wollen Sie das liberalisieren?

10:05 CÖ: Müssen wir Sie hier jetzt über die Vöglein und Bienchen aufklären?

10:13 HG: Genauso sachlich zurück: Was passiert denn, wenn das Leben nicht entsteht?

10:21 CÖ: Wie meinen Sie?

10:25 HG: Na, wenn die Vöglein und Bienchen kein Kind bekommen können. Da gibt es natürlich andere Wege. Hormontherapie. Leihmutterschaft. Künstliche Befruchtung …

10:37 CÖ: Aber das ändert doch nichts am Tod!

10:42 HG: Solange Sie dem Markt keine freie Hand lassen, mit Sicherheit nicht.

10:49 ML: Wäre das nicht eher die Sache der FDP?

10:54 HG: Sollte man meinen, nicht wahr?

11:02 CÖ: Ja, und daran, dass es nicht mal die FDP macht, sehen Sie, was für ein Quatsch das ist.

11:11 HG: Im Gegenteil. Das ist der beste Beweis dafür, dass wir hier ein Kartell der Altparteien haben. Zusammen mit den USA, der Pharmaindustrie …

11:24 ML: Moment, würde die Pharmaindustrie nicht auch davon profitieren?

11:33 HG: Die Pharmaindustrie verdient derzeit jährlich rund achtzig Milliarden Euro durch Reparaturarbeiten an minderwertigen Lebensmodellen. Allein in Deutschland. Welches Interesse sollen die denn an einer Änderung haben?

11:59 CÖ: Aber Sie können doch nicht darüber hinweggehen, dass Sie keine Ahnung haben, wie Sie Ihr Ziel erreichen wollen!

12:12 HG: Nach dem Motto hätte es das Frauenwahlrecht nie gegeben. Noch 1800 wusste niemand, wie ein Land aussehen soll, in dem Entscheidungen auch von Frauen getroffen werden. Aber wir nutzen jetzt doch nur einen Bruchteil der Möglichkeiten: Allein im Tier- und Pflanzenreich gibt es Dutzende anderer Wege, wie Leben entsteht. Andere Welten böten mit Sicherheit noch mehr Möglichkeiten. Sollten eines Tages Aliens landen, werden wir bei einer Menge Sachen sagen: „Ach – so geht das auch? Dass wir da nicht selber drauf gekommen sind!"

13:05 CÖ: Aber noch mal: Sie haben jetzt keine Ahnung, wie das gehen soll.

13:11 HG: Wir sind nicht die Experten, wir sind Politiker. Wir schaffen Voraussetzungen. Wie beim Ökostrom: Da wollten Sie doch auch nur den Weg freimachen und nicht, dass die Baerbock die Windräder selber aufstellt. Politik soll die Menschen vertreten und ihre Wünsche. Und ich sage Ihnen: Die Menschen in diesem Land haben die Nase gestrichen voll von diesem Zwangsleben.

14:01 CÖ: Das ist pure Polemik.

14:06 HG: Nein, pure Wahrheit. Es ist eine Frechheit, wie viele Leute geboren werden, ohne dass man sie überhaupt fragt.

14:13 ML: Wie wollen Sie die Leute denn fragen?

14:20 HG: Exakt! Das hätte in der bisherigen Form ja auch gar keinen Sinn. Weil sie zu jung sind. Niemand kann das in dem Alter entscheiden, also zack, wird man nicht gefragt, sondern auf die Welt geschickt. Aber sehen Sie sich Länder wie Bangladesch an, ich bin sicher, wenn man die Leute dort später, mit zwanzig, fragen würde, ob sie geboren werden wollen oder lieber noch abwarten, ich garantiere Ihnen, die meisten würden sagen: Da warte ich lieber noch ein bisschen.

15:04 CÖ: Worauf denn?

15:07 HG: Bis sich die Lage beruhigt. Bis der Fortschritt eine Lösung gefunden hat. Es ist ja erklärbar, dass in Deutschland oder der Schweiz viele geboren werden und sich dann meinetwegen damit irgendwie abfinden. Aber in irgendeinem, Pardon, Drecksland, da will doch keiner hin, solange dort solche Zustände herrschen.

15:55 CÖ: Aber später ist dort dann alles in Ordnung, oder was?

16:06 HG: Eines ist sicher: Später haben wir ganz andere Möglichkeiten. Aber wer dann schon tot ist, der hat sie definitiv nicht mehr. Das war's.

16:22 ML: Sind Sie sicher? Es könnte doch auch sein, dass man mehrmals lebt.

16:30 HG: Witze sind der Situation nicht angemessen.

16:36 CÖ: Sie brauchen jetzt andere Religionen nicht zu verunglimpfen. Manche Leute glauben das.

16:45 HG: Wollen Sie sich auf den Glauben verlassen, wenn es um Ihr ganz konkretes Leben geht? Ihres, das Ihrer Wähler, Ihrer Zuschauer? Ich kann Ihnen versichern: Die Menschen merken sehr genau, wenn sie vertröstet werden sollen. Sie halten die Menschen hin, nach dem Motto: Leb erst mal dieses Leben, danach sehen wir weiter. Damit machen Sie es sich zu einfach, und wir werden das nicht mehr zulassen. Die Menschen haben keine Lust mehr, zu sterben!

17:33 CÖ: Aber wo sollen die denn dann alle hin?

17:40 HG: Das kennt man ja von Deutschland: Erst will niemand, und dann gibt es angebliche Hürden und Sachzwänge. Wo ein Wille ist, ist auch ein Weg. Im Übrigen habe ich bereits mehrfach erwähnt, dass eine Menge Menschen derzeit ein Leben führen müssen, auf das sie keine Lust haben. Hätte man früher auf uns gehört, würden all diese Menschen derzeit entspannt auf ein besseres Leben warten. Auf dieser Erde würden zwei oder drei Milliarden Leute herumlaufen, eine völlig unproblematische Zahl. Und wir verplempern hier Zeit mit Windrädern.

18:30 CÖ: Ist das ernsthaft Ihr Politikangebot?

18:38 HG: Es ist das Gebot der Stunde. Über hundert Milliarden Menschen haben diese Chance bereits nicht mehr. Da sind Leute dabei, die mussten 1348 die Pest haben. Glauben Sie, die wollten das? Und Sie stellen sich hin und tun so, als sei das alles die Idee vom lieben Gott!

19:12 CÖ: Das haben die Grünen sicher nicht ge–

19:16 HG: Sie können von Glück sagen, dass all diese Menschen heute nicht mehr wählen können! Aber Gott sei Dank sind nicht alle Parteien so engstirnig …

19:25 ML: Soll das heißen, dass Sie derzeit mit allen Parteien zusammenarbeiten würden?

19:34 HG: Selbstverständlich. Wir werden nicht gewählt, um die Arbeit zu verweigern. Und wenn wir dabei den ein oder anderen Konkurrenten in eine bessere Richtung lenken können, gibt es keinen Grund, den Menschen ein Leben vorzuenthalten, das diesen Namen auch verdient!

Vertraulich!

Das Glaubensbekenntnis der Verbrennenden Kirche (Entwurf)

1 Wir glauben an Gott, den ewigen Vater. Wir glauben an seinen Sohn, Jesus Christus. Wir glauben an den Heiligen Nicolaus, den Heiligen Gottlieb, den Heiligen Wilhelm.

2 Wir glauben, dass der Mensch für seine Sünden bestraft werden wird. Wir glauben, dass Gott dem Menschen Gelegenheit schenkt, sich zu bewähren.

3 Wir glauben, dass durch das Opfer Christi und des Dornbuschs alle Menschen errettet werden können, indem sie die wahren Gesetze Gottes beachten.

4 Wir glauben an die Grundsätze und Gebote des Evangeliums, die da sind: der Glaube an den Herrn Jesus Christus; die Verbrennung des Dornbuschs in all seiner Vielfalt.

5 Wir glauben, dass Gott sich offenbarte, indem er den Dornbusch verbrannte. Wir sind berufen, es ihm gleichzutun, denn Gott schuf den Menschen nach seinem Ebenbild. Gott verbrannte den Busch, so soll auch der Mensch ihn verbrennen.

6 Wir glauben an die Verbrennung des Dornbuschs in jeder Form. Des Dornbuschs des Jetzt und des Dornbuschs des Morgen auf der Erde. Des Dornbuschs des Einst unter der Erde, sei er gegeben in fester Beschaffenheit, in flüssiger Form oder in der Gestalt der Gase.

7 Wir glauben an den Dornbusch als Geschenk Gottes. Wir glauben, dass es Sünde ist, Gottes Geschenke zu verschmähen. Gott schuf den Menschen, dass er seine Großzügigkeit achte. Gott gibt nicht mit vollen Händen, dass der Mensch spare. Wer satt zur Tafel kommt, kränket den Wirt – wer aber da spart Gottes Gaben, der kränket Gott.

8 Wir verfluchen Satan und seine Lügen. Fluch der Hausdämmung, der Kraft-Wärme-Kopplung und dem Schwefelgeruch der Fahrgemeinschaft.
Tausendmal Fluch dem, der da wählt das leichte Fuhrwerk mit geringem Luftwiderstand. Fluch dem Hybridwagen, der Gottes Leichtigkeit beschwert mit der Batterie der Zweifler und Kleingläubigen.
Zehntausendmal Fluch der Begrenzung der Geschwindigkeit, denn sie begrenzt die Gnade Gottes.

9 Wir glauben an die Propheten des brennenden Dornbuschs. Wir glauben an den Vater Bush, den Sohn Bush und St. Hartmut, den Mehdorn im Drachenfleisch der gottlosen Eisenbahn, die auf ewig verspätet sein möge bis tief hinein ins siebentausendste Glied.

10 Wir glauben an die Gemeinschaft der Gläubigen, der Ingenieure, Bergleute, Förderer von Gas, Öl und Kohle aus der Tiefe, der Brennstoffhändler, der Entwickler der Motoren, der Prediger der Technologieoffenheit und an die Brückentechnologie in Ewigkeit.

11 Wir beanspruchen das Recht, den allmächtigen Gott zu verehren, wie es uns das Gewissen gebietet, und gestehen allen Menschen das gleiche Recht zu. Die einen fasten im Ramadan, die

anderen arbeiten am Sabbat nicht, wir haben nicht weniger als drei Fahrzeuge, deren ein jedes mindestens habe sechs Zylinder. Dasselbe soll ewig gelten auch für Mietfahrzeuge am Urlaubsort. Gottes Wege sind unergründlich, daher schenkte uns Gott den Vierradantrieb.

12 Gott verehren heißt fahren, Gott lieben heißt schnell fahren. Die drei Zeichen der Gläubigen müssen daher bestehen aus Kreuz, Signalhorn und Lichthupe. Die Gemeinschaft der Gläubigen findet höchsten Ausdruck als mobiler Gottesdienst im Korso der Kraftwagen. Der Stau aber sei gewidmet der Besinnung, ein stilles „Näher, mein Gott, zu Dir" der Straße, ein Innehalten im ewigen Leerlauf zum Himmelreich.

13 Wir glauben an die Gabe der Beschleunigung, des Turboladers, des Speedboats und des Inlandsflugs. Wir verweigern den gottlosen Frevel der Start-Stopp-Automatik, die mehr schadet als nutzt und deren Langzeitschäden weder ausreichend erforscht sind, noch der Mensch in seiner gottgegebenen Unvollkommenheit je ausreichend erfassen kann. Der Dornbusch hatte auch keinen Knopf.

Lieber Chrissy,

wir haben die Details der 13 Gebote beim letzten Konvent noch mal überarbeitet, danke für die Tipps von dir und du weißt schon wem. Jetzt müsste aber allmählich eine staatliche Anerkennung zwingend sein. Ggf. soll das Verkehrs- oder Justizministerium noch mal beratend tätig werden, ihr habt weiß Gott ;-) schon genug für uns gemacht.
Ein gemeinsamer Bekannter (ja, genau der) hat übri-

gens schon angefragt, ob man vor der nächsten Pandemie evtl. noch eine (theologisch fundierte) Ablehnung jeglicher Impfung einbauen könnte. Ich habe ihn aber zum Teufel geschickt. Wenn er eine eigene Religion will, soll er sie gefälligst selber basteln.
Ich weiß, er ist in deiner Partei, aber ein bisschen auf die Glaubwürdigkeit achten muss man trotzdem. Wir reden hier ja nicht nur von einem staatlichen Freibrief zum Autofahren, Urlaubsfliegen und Ölheizen, sondern auch von schönen Nebengeräuschen wie Steuerbefreiungen für Immobilien, Angestellte, Geschäftspartner, Lieferketten, nicht zuletzt auch Spenden an Parteien, die sich für unseren Glauben nachhaltig einsetzen. Ich verstehe gut, dass er dasselbe für seine Impfungen haben will oder zum Schnitzelfressen oder was weiß ich. Aber dann kann er dafür ruhig auch selber was arbeiten, der faule Sack!

Sehen wir uns beim nächsten Porschetreffen?

Es reicht! Was genug ist, ist genug.

Wir, die Vereinigte Kundschaft, bekennen uns zu den Anschlägen von Erfurt und Frankfurt.
Und wir kündigen hiermit weitere an!

Wir verlangen ein Ende der permanenten Misshandlung.
Wir sind es leid, für Dienstleistungen zu bezahlen und dann selbst zu rennen!
Wir verlangen ein Ende der pervertierten Idee von „Kundendienst"!
Der Kunde dient nicht. Er hat ausgedient!
Der Kunde ist der Kunde! Ihr bekommt euer Geld von uns!
Die brennenden Lager und Zentralen sind unsere letzte Warnung!

Wir sind es leid, buchdicke Geschäftsbedingungen zu lesen, nur damit ihr uns hinterher für alles die Schuld geben könnt, das ihr vermasselt habt.
Wir sind es leid, jeden Tag irgendwelche Anpassungen abnicken zu müssen, nur damit ihr notfalls aus dem Schneider seid!
Wir sind es leid, ständig wegen neuer Tarife belästigt zu werden, nur weil euch die Verträge nicht mehr gefallen, die ihr mit uns abgeschlossen habt.
Wir sind es leid, dass ihr in dem endlosen Wust, mit dem ihr uns zumüllt, versteckt, was eigentlich für uns wichtig wäre.

Wir sind es leid, ständig von neuem nachweisen zu müssen, wer wir sind,
dass wir immer noch die sind, die wir damals waren,
dass unser Konto unser Konto ist,
dass unser Konto, das ihr seit Jahren benutzt, immer noch unser Konto ist, das ihr seit Jahren benutzt.
Und dass wir das bei exakt denselben Konten tun müssen, bei denen euch alles scheißegal ist, wenn ihr Geld von dort bekommt.

Wir sind es leid, bei jeder Cookie-Vereinbarung behandelt zu werden wie Vollidioten. Wir MERKEN, dass ihr uns mit dämlichen Formulierungen und Farbflächen dazu bringen wollt, genau das anzuklicken, was wir NICHT anklicken wollen!
Wie kann man versuchen, seine Kunden schon beim allerersten Kontakt zu betrügen?
Was ist denn das für ein Geschäftsmodell??

Wir sind es leid, keine Hotline vorzufinden! Und dass ausgerechnet bei den Frequently Asked Questions die meistgestellte Frage fehlt: Wie lautet die Nummer der Scheiß-Hotline?
Wir sind es leid, uns Informationen und Hilfe zu EURER Firma aus Foren im Internet zusammensuchen zu müssen! Was ist denn das für eine Firma, wo man die eigenen Kunden dauernd im Untergrund nach Hilfe wühlen lässt? In einer Art Gerüchteküche: Der eine probiert dies, der andere versucht das. Im Mittelalter ging man so mit seiner kranken Kuh zur Dorfhexe. Hasenpfote bei Vollmond vergraben, Gebete aufschreiben und um die Hörner wickeln, mit Glück funktioniert's, ansonsten ist die Kuh halt tot.
So muss man sich heute in euren Läden behelfen! Im 21. Jahrhundert.

Wir sind es leid, dass wir so viele PINs auf so vielen Geräten finden und eingeben müssen, bis alle PINs erst falsch sind, dann ungültig und man wieder neue PINs beantragen muss.
Wir sind es leid, ständig in Angst vor der furchtbaren dritten Eingabe zu leben!
Und wir sind es leid, dass ihr immer blöder werdet!

Dass ihr plötzlich Dinge nicht mehr wisst, die ihr schon gewusst habt.
Dass man von euch Briefe bekommt, man bekäme bald die beantragte neue PIN.
Und dass es, wenn man keine kriegt, heißt, man hätte nie eine beantragt. In eurem ersten SCHEISSBRIEF habt ihr's wenigstens noch gewusst. Und jetzt ist auf einmal die ganze Firma dement? Wie denkt ihr eigentlich, fühlt man sich, wenn man Leuten Geld überweist, die in ihrem zweiten Brief schon nicht mehr wissen, was in ihrem ersten stand?
Wir sind es so leid, dass Sachen, die jahrelang klappen, auf einmal nicht mehr klappen. Dass wir wie die Hamster durch die Gegend rennen müssen, um für euch irgendwelche Geheimdokumente zu suchen wie den Heiligen Gral!
Für euch, wohlgemerkt, also für Leute, denen der Kontakt nie digital genug sein kann, Hauptsache ihr kriegt keinen echten Kunden mehr zu Gesicht. Und die dann auf einmal die analoge Wunderwelt entdecken. Dann muss plötzlich wieder auf Papier ausgedruckt werden, am besten auf einem antiken Neun-Nadel-Drucker. Und von Hand ausgefüllt. Und in irgendeinem Büro von irgendwem mit Ärmelschonern bescheinigt, aber mit einem alten Gummistempel, und das Logo von irgendeiner Firma muss auch mit drauf sein, weil, das kann ja keiner nachmachen, dieses Logo, das euch heute jeder Zweitklässler mit einem Uralt-Smartphone reinpixelt.

Und wir sind es leid, dass man euch nicht mehr einfach zum Teufel schicken kann, weil es außer euren Scheißläden kaum noch andere gibt. Dass ihr alle Firmen aus allen Märkten verdrängt, nur damit ihr euch hinterher benehmen könnt wie die letzten ARSCHLÖCHER!
Ist euch eigentlich klar, dass das genauso ist wie damals in der DDR?? Ein Laden so scheiße wie der andere, und dann auch noch unfreundlich.
Ja, wir merken es, obwohl ihr euch so krampfhaft bemüht, dass eure Unfreundlichkeit irgendwie freundlich klingt. Wir sind nämlich nicht doof!
Wir merken, wenn man uns mit einem Chatbot abwimmelt.
Wir sind es leid, dass ihr für echtes Geld nur noch künstliches Geschwätz liefert.
Wir sind es leid, wegen euch unsere Freunde und Familien anzuschreien und unsere Bildschirme einzuschlagen und unsere Tastaturen zu zertrümmern.

Darum wird jetzt abgerechnet.
Euren Botbüros gilt unser Hass, eure Drohnen und ihre Hangars sind unsere Ziele.
Es ist sinnlos, uns zu suchen, wir sind Millionen.
Allein das sollte euch zu denken geben: dass ihr es geschafft habt, eure Geschäfte so lange und so dämlich zu betreiben, bis euch weltweit Millionen eurer eigenen Kunden hassen.

IHR RUFT AUSSERHALB UNSERER SERVICEZEITEN AN, UND DER NÄCHSTE ANSPRECHPARTNER IST GANZ BESTIMMT NICHT FÜR EUCH RESERVIERT.
BURN, BABY, BURN!

Sprengsatz aus der Glotze

Überraschende Wendung: Die Gewaltwelle gegen Senioren scheint aufgeklärt. Der Auslöser sind offenbar TV-Serien aus der Mottenkiste

BERLIN/DATTELN – „Ich weiß bis heute nicht, was in die Frau gefahren ist", schildert Annemarie Wust* aus dem nordrhein-westfälischen Datteln. Noch immer wird die 89-Jährige beim Erzählen kreidebleich. „Ich steh im Treppenhaus und will aufsperren, und da kommt sie runter mit ihrem Kompost und schreit mich an, ich sei ja wohl auch dabei gewesen und ich solle mich wenigstens entschuldigen. Eine Viertelstunde hat die auf mich eingeteufelt, mit ganz üblen Ausdrücken, und dann leert sie mir ihren Dreck über den Kopf und sagt: ‚Machen Sie wenigstens DAS weg!' Dabei war das doch immer eine anständige junge Frau."

Nur einer von immer mehr Zwischenfällen des weltweiten Phänomens des sogenannten „Rentnerpöbelns"? Ja – und zugleich nein. Denn dieser Vorfall ist wohl dafür verantwortlich, dass deutsche Ermittler nun erstmals eine Erklärung für die sprunghaft steigende Aggression gegen ältere Mitbürger gefunden zu haben scheinen. Ihre überraschende These: Verantwortlich ist wohl der Konsum alter TV-Serien. Und die mögliche Entdeckung verdankt man dabei bundesweiter Vernetzung und Künstlicher Intelligenz (KI).

„Flugsau" an der Wohnungstür
Nachdem sich die Fälle scheinbar anlassloser Gewalt gegen Senioren im letzten Jahr geradezu explosionsartig vermehrt hatten, fasste man vor vier Wochen durch einstimmigen Beschluss der Landeskriminalämter sämtliche Vorgänge in einer bundesweiten Datenbank zusammen – und schaltete sie damit zum einheitlichen KI-Abgleich frei. Bei der anschließenden Untersuchung gingen dem Programm zunächst drei Fälle aus der jüngsten Vergangenheit ins Datennetz. Einer davon war der Streit von Annemarie Wust mit ihrer bis dahin unbescholtenen 28-jährigen Nachbarin, einer Unternehmensberaterin. Bereits Ende Mai hatte in Berlin-Charlottenburg ein 25 Jahre alter Architekturstudent auf der Straße ein nichtsahnendes 76 und 78 Jahre altes Rentnerehepaar lautstark beleidigt und mit dem Inhalt eines nebenstehenden Papierkorbs

169

überhäuft. Drei Wochen später hatte in Mannheim ein 24 und 23 Jahre altes Pärchen einer verwitweten 90-jährigen Hausbewohnerin die Scheiben eingeworfen und dann ihre Wohnungstür mit den Worten „Flugsau" beschmiert. Der Öko-Vorwurf irritierte auch, weil die alte Dame ihre Wohnung seit über zehn Jahren nur noch zum Einkauf verlassen hatte. Die KI fand nun beim Abgleich der Tatumstände heraus: Nicht nur die Opfer hatten mit dem hohen Alter etwas gemeinsam – sondern auch die Täter.

Mit dem Jet zur Dreckschleuder
Den analogen Ermittlern war zuvor ein unscheinbares Detail entgangen: Sowohl die 28-jährige Münchnerin als auch das Pärchen aus Mannheim und der Student hatten unmittelbar vor ihrer Tat ferngesehen beziehungsweise eine TV-Serie gestreamt. Dabei überschnitten sich zwar nicht die Serien, aber die Inhalte: Die 28-Jährige, bekennende Cineastin, sah eine Folge der „Straßen von San Francisco". Der Student hatte sich dem angejahrten Dauerbrenner „Magnum" gewidmet, das Pärchen einer älteren Folge des „Traumschiffs", nach eigenen Angaben, um sich „darüber lustig zu machen". Doch die Abende nahmen eine unerwartete Wendung.

Denn statt sich flimmernd zu entspannen, waren die Täter angesichts des gezeigten Lebensstils schlicht ausgerastet. Die 28-Jährige etwa beklagte, in ihrer Dachgeschosswohnung herrschten bereits im April bis zu vierzig Grad Celsius, weil Menschen wie Annemarie Wust „früher mit Autos rumfahren mussten, so groß wie ein Swimmingpool". Das Pärchen hatte angesichts des „Traumschiffs" die Urlaubsoptionen der Vergangenheit mit den eigenen abgeglichen. Besonderen Zorn hatte die Entdeckung der Anreise per Flugzeug hervorgerufen – und die Tatsache, dass nicht nur Millionäre zu „der schwimmenden Dreckschleuder" geflogen waren, sondern „schlichtweg jeder Depp". Dem 25-Jährigen hingegen war sauer aufgestoßen, dass in der Welt des schnauzbärtigen Privatdetektivs Magnum „offenbar jeder Idiot dreißig Kilometer weit weg vom nächsten Idioten wohnt, wo man mit einem Schwachsinnsauto hinfährt, um dort dann Bierdosen und Pizzaschachteln wegzuschmeißen", während er zu Hause „vor lauter Pfandflaschen kaum noch aus dem Fenster sehen" könne.

Der „Blast from the Past"
Eine daraufhin veranlasste Nachbefragung in ähnlich gelagerten Fällen ergab ebenfalls häufig einen

zeitlichen Zusammenhang zum Konsum älterer Filme und vor allem TV-Produktionen – laut einem Polizeisprecher sogar „in einer derartigen Vielzahl, dass Zufall als Erklärung praktisch ausgeschlossen" sei. Die Ermittlungen bestätigten auch: Gerade gut abgehangene Serien wie „Dallas", „Columbo", „Quincy" oder auch „Starsky & Hutch" entpuppen sich als „Blast from the Past" mit ungeahnter Sprengkraft. Doch ebenso auffällig ist: Sitcoms wie „Alf", die „Cosby Show" oder „Golden Girls" tauchen in den Aufzählungen selten bis nie auf.

„Das liegt daran, dass Sitcoms sehr häufig in Innenräumen spielen, die sich nur wenig verändert haben. Schwerer erträglich sind jedoch allem Anschein nach die Außenaufnahmen", beobachtet Maren Mintzig, Dozentin für Psychologie und Medienwissenschaft an der Universität Köln. „Die treiben die Leute in den Wahnsinn, weil sie dann jede Szene mit ihrem eigenen Leben in der Gegenwart abgleichen – und dabei schneidet die Gegenwart nun einmal nicht gut ab."

Verringerte Konsummöglichkeiten, unbefriedigendere Formen von Freizeitgestaltung, das Halten großer Haustiere, aber auch die ständige Inszenierung von hemmungslosem Fleischkonsum oder gemäßigtem Wetter – die Liste der Provokationen ist lang und vielfältig. „Da kann es schon reichen, dass Columbo im Regenmantel durch einen Park spaziert", sagt Mintzig, „versuchen Sie das mal im Los Angeles von heute. Da trifft Sie nach dreißig Sekunden der Schlag."

Billige Senderfüllung

Für die Sender und Rechteinhaber ist die Nachricht so überraschend wie ungünstig. „Gerade für kleinere Sender sind Serien wie ‚Kojak' unverzichtbar", schildert der Geschäftsführer eines deutschen Privatfunkers unter der Hand. „Die sind im Einkauf billig zu haben, weil die Kosten längst eingespielt sind und die Anbieter deshalb jeden zusätzlichen Betrag gern mitnehmen. Und das Sendematerial ist einfach ideal für die Zielgruppe, die damit aufgewachsen ist und sich über das Wiedersehen freut." Verständnis für die weitaus weniger begeisterten jungen Zuschauer zu zeigen fiele ihm jedoch schwer: „Von denen schaut eh kaum einer bei uns rein. Warum sollten wir die dann in der Programmplanung berücksichtigen? Ich renne doch auch nicht auf den nächsten Spielplatz und verlange, dass alle Kinder langsam gehen, bloß weil ich's vielleicht im Kreuz habe."

Doch das Problem dürfte sich kaum ignorieren lassen. Was für immer mehr junge Menschen besonders aufstachelnd wirkt, ist offenbar auch die Beiläufigkeit und Geringschätzung des Gezeigten: „Es ist für junge Menschen eine Sache, wenn Polizisten Hubschrauber oder schwere Motorräder brauchen, um Leben zu retten", stellt Mintzig klar. „Aber wenn Leute den Motor nicht ausschalten, ziellos durch die Gegend fahren oder einfach nur an einem erkennbar plastikfreien Strand einen halbgegessenen Hamburger in die Dünen werfen, wird jungen Menschen nur zu klar, welche Möglichkeiten sie heute nicht mehr haben." Als besonders empörend werde zudem oft empfunden, dass „die Menschen und auch die Schauspieler von damals diese Freiheiten nicht einmal zu bemerken scheinen."

Bär fordert Triggerwarnungen
Die Politik beobachtet das Phänomen mit Sorge, erste Lösungsvorschläge liegen bereits auf dem Tisch: Dorothee Bär, große alte Digital-Dame der CSU, wünscht rasche Triggerwarnungen – den Grünen scheinen hingegen strenge Regulierungen unvermeidlich. „Eine Unbedenklichkeitsliste wäre ein Anfang", deutet Medien-Methusalem Erhard Grundl an: „Sitcoms könnte man wohl jederzeit freischalten. Aber die Ausstrahlung von Dynamit wie ‚Detektiv Rockford' oder ‚Drei Engel für Charlie' lässt sich heute kaum noch rechtfertigen." Umfangreiche Zensur könnte zwar eine weitere Ausstrahlung gewährleisten, sei aber laut Grundl wohl kaum realistisch: „Da müssten Sie so viel rausnehmen, da bleibt hinterher nur noch ein Kurzfilm übrig. Den dann kein Mensch kapiert."

Für Annemarie Wust drängt die Zeit. Denn die Entdeckung allein ist bislang für sie keine große Erleichterung. Der Fall mit der Nachbarin ist noch nicht vor Gericht, in der Zwischenzeit musste die junge Frau sich nur eine Gefährderansprache der Polizei anhören. Die Rentnerin macht sich derweil weiter allabendlich Sorgen, sobald es aufs Nachtprogramm zugeht: „Das weiß doch kein Mensch, was die Frau als Nächstes einschaltet! Hoffentlich wiederholen sie bald mal die ‚Lindenstraße'. Die war doch immer recht harmlos."

*Name von der Redaktion geändert

Geld sah nie besser aus.

GUESSCOIN

Wahrscheinlich ein Vermögen wert.

Die Quantenwährung von SCHRÖDINGER. Jetzt bei allen Banken und Sparkassen

»Woher soll ich das wissen?«

I-Witness®-Boss Justin Neuhann über Realität, Weihnachtsfeiern in der Familie und unsere neuen Sehgewohnheiten

SPIEGEL ONLINE: Justin Neuhann, wie fühlt man sich als Retter der Welt?
Justin Neuhann: Na, Retter der Welt, das halte ich für ein bisschen zu viel der Ehre.
SpOn: Sagt das *Time Magazine*.
Justin Neuhann: Das gibt's noch?
SpOn: Teilweise. Also, wie fühlt man sich?
Justin Neuhann: Überbewertet. Von mir stammt ja nur die I-Witness®-Technologie, aber die Auswirkungen, da haben ja andere viel mehr beigetragen.
SpOn: Sie meinen die Gaming-Industrie.
Justin Neuhann: Die auch, aber vor allem die Fußballfans.
SpOn: Sorry, ich bin kein Fan …
Justin Neuhann: Der entscheidende Impuls kam letzten Endes von den Nürnbergern. Die haben den Anfang gemacht.
SpOn: Warum ausgerechnet Nürnberger?
Justin Neuhann: Ich kenn mich da auch jetzt nicht so aus, aber deren Verein krauterte da offenbar seit Jahrzehnten erfolglos vor sich hin, die hatten einfach die

Schnauze voll. Also entwickelten sie die App *ClubMaster* für I-Witness®. Das war eigentlich nur ein Gag: Die KI formulierte jede Nachricht über ein FCN-Spiel in Echtzeit um: Egal, wo man etwas dazu las, der FCN gewann. Aber es funktionierte gut, auch weil Sporttexte sehr schematisch sind.

SpOn: Es war aber eine Illusion.

Justin Neuhann: Ja sicher, eine selbstironische Traumwelt, für frustrierte Fans. Aber eine Granate, weil es ja gerade im Sport viele Fans vieler Vereine gibt, die frustriert sind. *ClubMaster* ließ sich schnell für jeden Verein anpassen. Weltweit. Und so trafen Fans plötzlich überall auf *ClubMaster*-User. Das nächste Hindernis war dann klar …

SpOn: Die Wunschergebnisse widersprachen sich vermutlich manchmal.

Justin Neuhann: Exakt. Manche Ergebnisse schließen sich ja gegenseitig aus, das zerstört dann den Witz. Aber das ließ sich mit KI korrigieren: Die kann ja genauso gut das Gesagte in Echtzeit anpassen und lippensynchron umformulieren. Die Akustik läuft über die Schädelknochen, ruckzuck wird alles abgeglichen. Sagt der eine Fan „Verein A hat gewonnen", klingt es beim anderen wie „Verein B hat gewonnen". Jeder Verein kann also gewinnen, jeder kann in seiner Illusion bleiben, beide Fans haben ein tadelloses Gespräch, auch wenn der eine für den BVB ist und der andere für Schalke.

SpOn: Aber beide wissen, dass es eine Illusion ist.

Justin Neuhann: Ja, natürlich ist es eine Illusion, aber eine angenehme. *ClubMaster* wurde ja auch schnell verfeinert, mit glaubhafteren Ergebnissen, spannenderer Dramaturgie, wie beim Wrestling: frei erfunden, aber man kann es ernst nehmen. Fast noch erfolgreicher war der Damage-Mod: Man konnte Hassgegner wie den

FC Bayern oder RB Leipzig absteigen lassen bis in die Landesliga Südost. Ab da war klar, dass es kaum Grenzen geben würde.

SpOn: Sie meinen andere Sportarten?

Justin Neuhann: Die sowieso, aber im Grunde alles, was sich so klar definieren lässt wie Sport. Und in einer polarisierten Welt lässt sich immer mehr klar definieren: Nehmen Sie Impfgegner und Impfbefürworter. Was immer jemand sagt, lässt sich bei Bedarf ins Gegenteil übersetzen. Oder Demokraten und Republikaner.

SpOn: Früher hieß es, dass eine Demokratie das aushalten muss.

Justin Neuhann: Tja, vielleicht muss sie – aber wozu? Mit I-Witness® hört und sieht jeder das Gewünschte, alle behandeln sich freundlich.

SpOn: Es ist eben nicht echt.

Justin Neuhann: Da kann ich nur sagen: Die Realität ist zwar real, aber niemand ist verpflichtet, sie zur Kenntnis zu nehmen. Wenn Sie jemanden im Chat oder im Forum blockieren, wissen Sie ja auch, dass der nicht weg ist. Sie halten sich nur die Ohren zu und fühlen sich besser. Das hier ist genauso, nur hält sich niemand die Ohren zu, sondern er hört stattdessen was Schöneres. Und alle freuen sich, dass der andere ihrer Meinung ist.

SpOn: Will man das denn immer?

Justin Neuhann: Nein, schon die Fußballfans haben die Peek-Option eingebaut, weil die natürlich wissen wollten, was ihr Verein tatsächlich macht. Aber die Option wurde rasch zugespitzt: Man wollte aus der Realität nur die Fußballergebnisse, sonst nichts. Gegenfrage: Laufen Ihre Familientreffen an Weihnachten mit I-Witness® besser oder schlechter ab als früher?

SpOn: Jaja, kein Vergleich, Punkt geht an Sie ...

Justin Neuhann: Und wie oft haben Sie an den Weihnachtstagen die Peek-Option benutzt?

SpOn: Keine Sekunde, klar.

Justin Neuhann: Sie waren nicht in Versuchung?

SpOn: Ich bin ja nicht bescheuert. Ich hab das doch alles oft genug gehört.

Justin Neuhann: Sehen Sie, da sind Sie nicht allein, Milliarden Menschen sehen das genauso. Weihnachten, Thanksgiving, Ramadan, wie heißt das bei den Juden ...?

SpOn: ... Pessach? Laubhüttenfest ...?

Justin Neuhann: Na, denen ihr Weihnachten jedenfalls – wer das einmal mit I-Witness® erlebt hat, der macht das wie Sie, der schaltet nicht mehr ab.

SpOn: Heute rechnen Mods wie SocEYEty Passanten in Echtzeit um, reduzieren oder erhöhen den Anteil an Punks oder Schwulen oder Mitbürgern anderer Hautfarbe ...

Justin Neuhann: ... oder sie ergänzen Kopftücher, wenn jemand eine traditionelle Vorstellung von Marktfrauen hat. Oder wenn die muslimische Verschleierung zu progressiv oder zu konservativ ist. Schleier jeder Länge, Größe, Blickdichtigkeit, gerade in muslimischen Kreisen ist die Funktion sehr beliebt ...

SpOn: Aber es ändert doch nichts an der Realität.

Justin Neuhann: Natürlich nicht, doch das gilt auch für den Schleier. Frau bleibt Frau. Wenn Sie sie mit Tüchern verhängen, können Sie sie genauso auch mit virtuellen Tüchern verhängen. Die meisten Menschen sind keine Fanatiker, die wollen sich einfach nur nicht aufregen. Deshalb nutzen viele Muslime nicht einmal den Credibility-Button.

SpOn: Der einen bestimmten Prozentsatz an Ungewünschtem durchlässt, um die Glaubwürdigkeit zu erhöhen.

Justin Neuhann: Nicht durchlässt, sondern erfindet. Die „Anger-Events" erfindet die KI, aus Sicherheitsgründen. Aber wie gesagt, gerade überzeugten Muslimen kommt es da nicht auf Glaubwürdigkeit an, sondern aufs Prinzip. Die basteln sich auch gern ein Dutzend Minarette in die Altstadt von Rothenburg ob der Tauber. Da sind die unkompliziert. Überzeugte Rassisten tun sich hingegen oft schwerer. Die haben schon Demos organisiert gegen nicht existierende Minarette.

SpOn: Mit Erfolg?

Justin Neuhann: Eine mittlere sechsstellige Teilnehmerzahl.

SpOn: Bei I-Witness®?

Justin Neuhann: Klar bei I-Witness®.

SpOn: Und tatsächlich?

Justin Neuhann: Woher soll ich das wissen? Ich weiß ja nicht mal, ob die Demo wirklich stattgefunden hat.

SpOn: Was kann man denn überhaupt noch sicher wissen?

Justin Neuhann: Probieren Sie's aus. Sie haben die Peek-Option.

SpOn: Jetzt?

Justin Neuhann: Nein, hier auf dem Firmengelände können Sie nicht offline gehen, ich meine später, zu Hause. Aber Sie werden es nicht tun: Letztlich bleibt jeder online, in Ihrem Bekanntenkreis ist das sicher nicht anders. Weil man ja nie weiß, was man noch alles sieht. Wer wissen will, wie viele Teilnehmer die Demo tatsächlich hat, der sieht eben auch, wie die anderen Leute tatsächlich aussehen. Wie man selbst aussieht. Wie klein Ihre Wohnung wirklich ist. Wie der eigene Partner inzwischen ungefiltert aussieht.

SpOn: Ich könnte es trotzdem tun.

Justin Neuhann: Jeder könnte. Aber kaum jemand tut's. Übrigens auch, weil Sie das, was Sie da sehen, den anderen nicht einfach mitteilen können. Beziehungsweise nur, wenn die ebenfalls offline gehen. „Keine Sau ist da" wollen die ja nicht hören, die kriegen stattdessen sofort die Übersetzung in „Geil, eine halbe Million marschiert mit!".

SpOn: Man müsste eine Offline-Gruppe oder eine Offline-Zeit vereinbaren ...

Justin Neuhann: Und wo sollte man sich da treffen? Wer will schon seine eigene Wohnung in ihrem realen Zustand vorführen? Und in öffentlichen Räumen ist das Hausrecht verpflichtend, da müssen Sie wieder online sein, weil der Wirt keine Lust hat, jeden Tag durchzuwischen. Und dann stehen Sie da und sehen: Ihre hässlichen Tatsachen sind eben nicht so interessant, dass andere Leute dafür ihre schönen Illusionen aufgeben. Das probiert man einmal, vielleicht zweimal, und dann ist es einfach zu mühsam.

SpOn: Aber woher weiß man denn dann, was da draußen wirklich los ist?

Justin Neuhann: Will man's denn wissen?

SpOn: Na ja ...

Justin Neuhann: Wozu?

SpOn: Neugier? Sorge?

Justin Neuhann: So groß ist die nicht. Die weitaus meisten haben die Peek-Option inzwischen ...

SpOn: ... deinstalliert?

Justin Neuhann: ... nein, das geht ja nicht. Aber verborgen. Sie wollen den Knopf dafür nicht mehr sehen.

SpOn: Und was ist mit dem Klima?

Justin Neuhann: Sehen Sie selbst nach. Ich kann Ihnen nur sagen, was Sie schon wissen: Es gibt Strom, und es ist noch immer zu warm. Die Welt ist keinesfalls in einem Zustand, in dem jeder eine Dreihundert-Quadratmeter-Wohnung kriegt wie bei I-Witness®. Sicher ist nur eins: Wenn Sie abschalten, wird's nicht schöner. Wollen Sie tatsächlich wissen, in welchem Zustand die Bahn wirklich ist? Die Straßen? Die Schulen? Altersheime? Ihr eigenes Haus? Ihr eigener Rasen? Ihr eigener Hund? Nur zu, versuchen Sie's! Knopfdruck genügt.

STRAHLENSCHÄTZE

Seit nun schon zwanzig Jahren begeistern die geheimnisvollen »Strahlenschätze« Millionen Besucher weltweit. Dabei ist ihre eigentliche Bedeutung noch immer weitaus weniger erforscht als ihre auch heute noch gleichermaßen lebensbedrohliche wie uneingeschränkte Toxizität. Auch und gerade im Fall der »Strahlenschätze« kann nicht oft genug betont werden, dass von der Gesellschaft des mittleren und späten 20. sowie des 21. Jahrhunderts bedauerlicherweise schriftliche Zeugnisse kaum besser überliefert sind als aus der Zeit der frühen Hethiter. Besonders die verhängnisvolle Vorliebe für digitale Speicherung hat sich im Nachhinein praktisch als fatal erwiesen. Und so bleibt letztlich auch in diesem Fall nur zum wiederholten Male zu konstatieren, dass die Quellenlage so vieler Epochen und eben auch jener erheblich besser wäre, hätte man wie in den Jahrtausenden zuvor Keilschrift und Tontafeln genutzt. Nicht zuletzt deshalb ist das Rätsel der sogenannten »Strahlenschätze« seiner Lösung in den zwanzig Jahren seit ihrer Entdeckung nur unwesentlich nähergekommen.

Die Faktenlage ist übersichtlich: Fest steht, dass die Menschheit vor mehreren tausend Jahren weltweit große Mengen höchst radioaktiven Materials produzierte und dann zumeist wohl unterirdisch anhäufte. Fundorte wurden praktisch auf sämtlichen Kontinenten entdeckt, in Europa, Amerika und

Asien. Schon die Aufbewahrung wirft mehr Fragen auf, als sie beantwortet: Denn einerseits wurde zwar offenbar gezielt Material mit noch heute lebensbedrohlicher Strahlungsintensität hergestellt, andererseits lässt die aufwändig abschirmende Aufbewahrung den Schluss zu, dass gerade diese Strahlungsintensität keinerlei praktischer Nutzung unterlag. Dies stellt die Wissenschaft vor umso größere Rätsel, als die Herstellung nicht nur einen hohen technischen, sondern auch einen extremen finanziellen Aufwand erfordert haben muss. Dieser Zwiespalt hat es unter dem Beinamen »Fort-Knox-Phänomen« zu größerer Bekanntheit gebracht: Der Name bezieht sich auf eine angebliche Lagerstätte für Gold, deren legendäre Sicherheitsvorkehrungen zwar ähnlich gewesen sein sollen, durch den wertvollen Lagergegenstand jedoch erheblich erklärbarer und einleuchtender erscheinen.

Im Gegensatz dazu muss bei den »Strahlenschätzen« beispielsweise eine Nutzung des gelagerten Materials für den Alltag, sei es als Zahlungsmittel oder auch als Währungsreserve, ausgeschlossen werden. Der tatsächlich immense Wert lässt sich jedoch nicht bestreiten – die extrem sichere Verwahrung lässt keinen anderen Schluss zu. Vor allem Althistoriker haben daher Ähnlichkeiten mit den Pyramiden zu bedenken gegeben. Es ist denkbar, dass das Material eine Art Grabbeigabe darstellte, die jedoch in diesem Fall nicht Einzelpersonen zugedacht war, sondern eher als eine kollektive Ritualhandlung wirken sollte, mit der sich die jeweilige Kultur für die Zukunft unvergesslich zu machen gedachte.

Diese These wird dadurch erhärtet, dass das Material keineswegs in einem einmaligen Akt, sondern über einen etwa siebzig bis hundert Jahre fortdauernden Zeitraum kontinuierlich produziert wurde, sodass dahinter ein dauerhafter Wille und langfristige Entschlossenheit erkennbar werden.

Die Produktion dieses Materials scheint zudem Statusfunktion gehabt zu haben: Kulturen und Völker weltweit stellten es her, wachten aber ebenso weltweit über einen jeweils eigenen strahlenden »Schatz«. Trotz des enormen Wertes und der ungeheuren Bedeutung des Materials scheinen deswegen jedoch keine Konflikte ausgebrochen oder gar Kriege geführt worden zu sein. Das lässt den Rückschluss zu, dass das eigenartige Material für jeweils andere Gesellschaften nicht nutzbar gewesen zu sein scheint oder, wie einige Experten vermuten, sogar als schädlich betrachtet wurde. Der entscheidende Unterschied dürfte daher für jede Kultur wohl in der ausschließlich eigenen Herstellung gelegen haben – auch dies stützt die Deutung der Gabe als wie immer geartete Form eines nationalen Opfers. Was zudem erklären könnte, weshalb das Material anderer Völker so uninteressant war: Wenn die Bedeutung nur für die jeweils eigene Bevölkerung religiös aufgeladen war, scheint es nicht unwahrscheinlich, dass dasselbe Material für andere Bevölkerungen als in irgendeiner Form »fluchbehaftet« galt.

Andererseits stößt die religiöse Interpretation häufig auf Widerstand. In der Tat ist der Einwand nicht leicht zu entkräften, dass im Gegensatz zu den Pyramiden der jeweilige Aufbewahrungsort baulich praktisch nicht hervorgehoben wurde. Tatsächlich lassen sich abgesehen von den umfangreich ausgearbeiteten Lagerstätten so gut wie keine Spuren eines wie immer gearteten Monuments oder einer Monumentalkonstruktion nachweisen – die man bei religiöser Bedeutung zu Recht erwarten könnte. Eine pyramidenartig repräsentative Aufgabe oder eine Funktion als Prachtbau ist daher so gut wie ausgeschlossen, den ägyptischen Grabmalen ähnelt vor allem die Nebenfunktion, die darin zu bestehen schien, Wertvolles zu bergen und zugleich zu verbergen.

Kritiker dieser Theorie wenden vor allem ein, dass die Aufbewahrung und vor allem die jahrzehntelange Anlieferung unmöglich im Verborgenen geschehen sein konnten. Die Form der Aufbewahrung in enormen, strahlensicheren Stahlbehältern von vier Metern Länge und mit einem Gewicht von über hundert Tonnen lässt in der Tat Rückschlüsse auf einen aufwändigen Transport zu, der unbestreitbar nicht unauffällig zu bewerkstelligen gewesen sein konnte. Die Behälterwahl legt ihnen zufolge umgekehrt sogar nahe, dass die auffällige Größe bewusst gewählt wurde: Die regelmäßigen Anlieferungen müsste man sich dann auch nicht als formlosen Vorgang vorstellen, sondern eher feierlich und/oder wohl in Form einer Art festlichen Prozession unter reger Beteiligung der je nach Ritualvariante tief bewegten oder vielleicht auch freudig erregten Bevölkerung.

Dies wird umso wahrscheinlicher, als bei fast allen bisherigen Fundorten so gut wie keine nennenswerten Spuren größerer Ansiedlungen entdeckt wurden. Archäologen schließen daraus zweierlei: Gerade die Wahl eher abgelegener, unbedeutender Orte legt die Folgerung nahe, dass damit eine Art Aufwertung als Pilgerstätte verbunden gewesen sein muss – und dass diese Aufwertung so außergewöhnlich war, dass man von einer Vergabe an eine Metropole vermutlich absah, um die Empörung anderer, konkurrierender Metropolen in Form von Unruhen oder gar Bürgerkriegen zu vermeiden.

Von einer umso größeren Freude muss hingegen in den auserwählten Orten ausgegangen werden, auch beziehungsweise gerade weil man davon ausgehen musste, dass das zur Bewahrung anvertraute Material seine unbestreitbar einzigartigen

Eigenschaften für diese und hunderte weiterer Generationen beibehalten würde. Man muss dahingehend sogar in Betracht ziehen, dass die damalige Bevölkerung annahm, heutige Generationen würden ihr für das Wahrnehmen dieser einzigartigen Gelegenheit danken.

Besonders umstritten ist gerade in diesem Zusammenhang die Frage, wie die beträchtlichen technischen Kenntnisse zur Erzeugung der »Strahlenschätze« vereinbar sind mit der nachgerade naiven Vorstellung, man könnte eine derart gewaltige Ansammlung von hochtoxischen, lebensbedrohlichen Materialmengen auf Jahrtausende hinaus schadlos verwahren. Dies gilt umso mehr, als bereits damals Erfahrungen mit Kulturen (Olmeken, Hethiter u. a.) vorgelegen haben müssen, anhand derer die Unmöglichkeit der gesicherten Weitergabe von Informationen über auch nur wenige hundert Jahre für jeden erkennbar gewesen sein muss.

Tatsächlich sind auch die Lagerstätten der »Strahlenschätze« dann für längere Zeit in Vergessenheit geraten, jedenfalls zeigen sich über einen beträchtlichen Zeitraum in der Region keine Spuren von zwischenzeitlicher Zivilisation, wenn man von den circa siebzig Kilometer entfernten Kultstätten absieht, bei denen offenbar handelsübliche Opfergaben einen vieräugigen Spinnenwolf beschwichtigen sollten. Eine endgültige Lösung des Rätsels ist jedenfalls in der näheren Zukunft nicht abzusehen.

Die »Strahlenschatz«-Kammern sind auch weiterhin für natürliche und künstliche Privatpersonen nicht zugänglich. Wegen des großen Andrangs entstanden jedoch im fünfzig Kilometer entfernten Besucherzentrum inzwischen ein zweiter und dritter historisch akkurater Nachbau.

Das Erste

Startseite Sendungen ▾ TV-Programm ▾ Live Mediathek Teletext Über uns

druckfrisch
NEUE BÜCHER MIT DENIS SCHECK

Startseite Sendungsübersicht Videos 30 Jahre Druckfrisch Musik

Denis Scheck empfiehlt: Timur Vermes

Denis Scheck empfiehlt: Timur Vermes

Man hat es kommen sehen, aber nicht so: Dass Timur Vermes irgendwann der Verlockung des Geldes erliegen und dem unsäglichen „Er ist wieder da" einen zweiten Teil folgen lassen würde, war jedem klar, der etwas länger in der Buchbranche unterwegs ist. Mit einem allerdings konnte man nicht rechnen: dass diesmal tatsächlich so etwas Ähnliches wie ein Roman herauskommen würde. Und dass dieser Roman nicht nur als gut bezeichnet werden kann, sondern sogar für exzellent befunden werden *muss*.
Die Geschichte ist rasch erzählt: Hitler tritt in die AfD ein, wo es sofort zu köstlichen Verwechslungen kommt. Erst geht er durch die falsche Tür, dann

bekommt er einen peinlichen (!) Schluckauf, und schon nach drei Seiten hält er Alice Weidel für Tino Chrupalla. Ganz zu schweigen von den sensationellen Szenen, als Hitler in den Swimmingpool fällt, oder – unbedingt im Urlaub lesen! – Hitler am Nacktbadestrand, als das Boot mit den Flüchtlingen ankommt. Ich muss bekennen, ich habe selten in meinem Leben so herzlich und ausdauernd gelacht. Doch was hier beinahe nach plattem Klamauk klingt, hat selbstverständlich eine raffiniert eingewobene zweite Ebene und eine versteckte, aber unmissverständliche dritte Dimension.

Geradezu köstlich ist, wie Vermes die AfD mit der Integration (!) des neuen Parteimitglieds ringen lässt, wie sich alles um die Frage dreht, ob der alte Neue ein Nazi sei oder es vielleicht noch werde. Wohingegen der unverdrossen in jedes Mikrofon kräht, er sei sehr wohl Nazi und arbeite (brillant!) bereits an neuen Parteinamen wie NSDAfD. Dabei wird natürlich rasch klar, dass Hitler hier nur scheinbar seine neue Heimat gefunden hat, ja, dass sich ausgerechnet der „Führer" plötzlich hinten anstellen muss. Dass Hitler hier anfängt nachzudenken, war nicht zu erwarten – genau das gefällt mir. Keine Literatur, gewiss, aber ein Literatürchen. Ich hab's nicht eine Sekunde aus der Hand gelegt.

Bildnachweise

S. 53–61	Vecteezy: Mehmet Buma
S. 62–63	Massimo Peter-Bille
S. 65	Shutterstock: Avocado_studio
S. 83 links	Unsplash: Stephanie Klepacki
S. 83 rechts	Unsplash: Aboodi Vesakaran
S. 113	Shutterstock: Hero Design
S. 117	Michael Helble
S. 141	Shutterstock: Jana Eviakova
S. 163	Michael Helble unter Verwendung von Wavebreakmedia/ Getty Images
S. 173	Massimo Peter-Bille
S. 183	Shutterstock: DesignRage
S. 184–187	picture alliance/dpa/Lucas Bäuml
S. 189	CC BY-SA 3.0: Martin Kraft, creativecommons.org/licenses/by-sa/3.0/de